上海市工程建设规范

胶轮路轨系统设计标准

Design standard for rubber tyre APM system

DG/TJ 08—2392—2022
J 16174—2022

主编单位：上海市隧道工程轨道交通设计研究院
批准部门：上海市住房和城乡建设管理委员会
施行日期：2022年6月1日

同济大学出版社

2024　上海

图书在版编目(CIP)数据

胶轮路轨系统设计标准 / 上海市隧道工程轨道交通设计研究院主编. —上海：同济大学出版社，2024.3
 ISBN 978-7-5765-1021-8

Ⅰ. ①胶… Ⅱ. ①上… Ⅲ. ①城市铁路—轨道交通—工程设计—设计标准—上海 Ⅳ. ①U239.5-65

中国国家版本馆 CIP 数据核字(2024)第 022734 号

胶轮路轨系统设计标准

上海市隧道工程轨道交通设计研究院 　主编

责任编辑　朱　勇
责任校对　徐春莲
封面设计　陈益平

出版发行　同济大学出版社　www.tongjipress.com.cn
　　　　　(地址：上海市四平路1239号　邮编：200092　电话：021-65985622)

经　　销　全国各地新华书店
印　　刷　浦江求真印务有限公司
开　　本　889mm×1194mm　1/32
印　　张　7.25
字　　数　182 000
版　　次　2024 年 3 月第 1 版
印　　次　2024 年 3 月第 1 次印刷
书　　号　ISBN 978-7-5765-1021-8
定　　价　80.00 元

本书若有印装质量问题，请向本社发行部调换　　版权所有　侵权必究

上海市住房和城乡建设管理委员会文件

沪建标定〔2022〕12号

上海市住房和城乡建设管理委员会关于批准《胶轮路轨系统设计标准》为上海市工程建设规范的通知

各有关单位：

由上海市隧道工程轨道交通设计研究院主编的《胶轮路轨系统设计标准》，经我委审核，现批准为上海市工程建设规范，统一编号为DG/TJ 08—2392—2022，自2022年6月1日起实施。

本标准由上海市住房和城乡建设管理委员会负责管理，上海市隧道工程轨道交通设计研究院负责解释。

上海市住房和城乡建设管理委员会
2022年1月5日

前　言

本标准是根据上海市住房和城乡建设管理委员会《关于印发〈2018年上海市工程建设规范、建筑标准设计编制计划〉的通知》（沪建标定〔2017〕898号）的要求，由上海市隧道工程轨道交通设计研究院任主编单位，会同相关单位，经调查分析、总结实践经验，在广泛征求意见的基础上编制完成。

胶轮路轨系统适用于联系大型居住区、郊区新城（镇）和大容量轨道交通主干网的接驳交通，以及外围新城（镇）内轨道交通加密线。浦江线是上海首次应用胶轮路轨系统技术的示范性线路，采用了中央导向胶轮路轨车辆。编制组围绕胶轮路轨的导向和运行、全自动无人驾驶和中运量等级三个方面开展标准制订工作。

本标准的主要内容有：总则；术语；基本规定；车辆；运营组织；限界；线路；轨道；路基；车站建筑；高架区间结构；供电；通信；信号；综合监控；站台门；车辆基地；控制中心；防灾与安全；环境保护。

各单位及相关人员在执行本标准过程中，如有意见和建议，请反馈至上海市交通委员会（地址：上海市世博村路300号1号楼；邮编：200125；E-mail：shjtbiaozhun@126.com），上海市隧道工程轨道交通设计研究院（地址：上海市中山西路1999号；邮编：200235；E-mail：office@stedi.cn），上海市建筑建材业市场管理总站（地址：上海市小木桥路683号；邮编：200032；E-mail：shgcbz@163.com），以便修订时参考。

主编单位：上海市隧道工程轨道交通设计研究院

参 编 单 位:上海申通地铁集团有限公司
中车浦镇庞巴迪运输系统有限公司
主要起草人:曹文宏　陈鸿利敏　朱蓓玲　于潇源
王小峰　王庆国　王安宇　王嘉鑫　乐云凯
包佳健　朱冬进　许大光　李　炜　刘聪灵
沈哲强　张国龙　张　敏　陈丽峰　邵周赟
周晓玲　赵小文　赵　宁　相颖慧　施宇豪
祝　平　徐海大　奚　巍　黄小国　傅佳恩
焦丽莉　颜菁霞
主要审查人:杨立新　陆　静　陆　云　秦　悦　杨彩霞
顾民杰　陈　洪

上海市建筑建材业市场管理总站

目　次

1 总　则 ·· 1
2 术　语 ·· 2
3 基本规定 ··· 5
4 车　辆 ·· 6
　4.1 一般规定 ··· 6
　4.2 车辆形式与列车编组 ··· 9
　4.3 车　体 ·· 10
　4.4 转向架 ·· 11
　4.5 电气系统 ··· 11
　4.6 制动系统 ··· 12
　4.7 控制与诊断系统 ·· 13
　4.8 安全与应急设施 ·· 13
5 运营组织 ··· 15
　5.1 一般规定 ··· 15
　5.2 运营规模 ··· 15
　5.3 运营模式 ··· 16
　5.4 运营配线 ··· 17
　5.5 运营管理 ··· 18
6 限　界 ·· 19
　6.1 一般规定 ··· 19
　6.2 制定限界的基本参数 ··· 20
　6.3 建筑限界 ··· 20
　6.4 设备和管线布置 ·· 23
7 线　路 ·· 25

7.1　一般规定 ·· 25
　　7.2　线路平面 ·· 26
　　7.3　线路纵断面 ·· 28
　　7.4　配　线 ·· 29
8　轨　道 ··· 31
　　8.1　一般规定 ·· 31
　　8.2　轨道超高 ·· 31
　　8.3　运行道 ·· 32
　　8.4　导向轨 ·· 33
　　8.5　道　岔 ·· 34
　　8.6　辅助设备及常备材料 ·· 34
9　路　基 ··· 35
　　9.1　一般规定 ·· 35
　　9.2　路肩高程、路基面形状和宽度 ································ 35
　　9.3　基　床 ·· 36
　　9.4　路　堤 ·· 36
　　9.5　路　堑 ·· 37
　　9.6　过渡段 ·· 38
　　9.7　路基排水及防护 ·· 39
　　9.8　路基支挡结构 ·· 40
10　车站建筑 ·· 42
　　10.1　一般规定 ··· 42
　　10.2　车站总体布置 ··· 43
　　10.3　车站平面 ··· 44
　　10.4　车站剖面 ··· 45
　　10.5　车站出入口及附属建筑 ····································· 45
　　10.6　连廊及天桥 ··· 46
　　10.7　人行楼梯、自动扶梯、电梯和站台门 ························· 46
　　10.8　无障碍设施 ··· 48

10.9	车站换乘	48
10.10	车站环境设计	49
10.11	建筑节能	50
10.12	车站最小高度、最小宽度	50
10.13	管线综合	51
10.14	区间建筑	52

11 高架区间结构 … 53
   11.1 一般规定 … 53
   11.2 设计荷载 … 54
   11.3 结构设计 … 56
   11.4 附属结构设计 … 56

12 供 电 … 58
   12.1 一般规定 … 58
   12.2 变电所 … 60
   12.3 接触轨 … 63
   12.4 电线电缆 … 65
   12.5 动力与照明 … 65
   12.6 电力监控 … 67

13 通 信 … 69
   13.1 一般规定 … 69
   13.2 传输系统 … 71
   13.3 电话系统 … 72
   13.4 无线通信系统 … 76
   13.5 广播系统 … 77
   13.6 乘客信息系统 … 78
   13.7 时钟系统 … 80
   13.8 信息资源网接入系统 … 80
   13.9 集中告警系统 … 81
   13.10 通信电源和接地 … 82

13.11　通信用房技术要求 ……………………………………… 82
14　信　号 …………………………………………………………… 84
14.1　一般规定 ………………………………………………… 84
14.2　系统基本要求 …………………………………………… 84
14.3　系统构成 ………………………………………………… 85
14.4　系统的控制方式 ………………………………………… 86
14.5　子系统要求 ……………………………………………… 86
14.6　信号设置及显示 ………………………………………… 93
14.7　系统配电 ………………………………………………… 94
14.8　接地与防雷 ……………………………………………… 94
14.9　可靠性、可用性与可维护性 …………………………… 95
14.10　其　他 …………………………………………………… 98
15　综合监控 ………………………………………………………… 99
15.1　一般规定 ………………………………………………… 99
15.2　系统组成及硬件基本要求 ……………………………… 100
15.3　系统基本功能 …………………………………………… 101
15.4　软件基本要求 …………………………………………… 104
15.5　系统接口要求 …………………………………………… 106
15.6　系统性能指标 …………………………………………… 106
15.7　其　他 …………………………………………………… 107
16　站台门 …………………………………………………………… 109
16.1　一般规定 ………………………………………………… 109
16.2　主要技术指标 …………………………………………… 109
16.3　布置与结构 ……………………………………………… 111
16.4　运行与控制 ……………………………………………… 111
16.5　供电与接地 ……………………………………………… 112
17　车辆基地 ………………………………………………………… 113
17.1　一般规定 ………………………………………………… 113
17.2　车辆段与停车场的功能、规模及总平面布置 ………… 114

17.3	车辆运用整备设施	116
17.4	车辆检修设施	119
17.5	综合维修中心	121
17.6	物资总库	122
17.7	培训中心	122
17.8	救援设施	122
17.9	场区排水	123

18 控制中心 ······ 124
　　18.1 一般规定 ······ 124
　　18.2 工艺设计 ······ 125
19 防灾与安全 ······ 127
　　19.1 一般规定 ······ 127
　　19.2 建筑防灾 ······ 128
　　19.3 消防给水和灭火设施 ······ 130
　　19.4 防烟与排烟 ······ 133
　　19.5 防灾通信 ······ 136
　　19.6 防灾供电及应急照明 ······ 137
　　19.7 火灾自动报警系统 ······ 137
　　19.8 其他灾害预防 ······ 138
20 环境保护 ······ 140
　　20.1 一般规定 ······ 140
　　20.2 噪声污染防治 ······ 140
　　20.3 大气污染防治 ······ 143
　　20.4 水污染防治 ······ 143
　　20.5 电磁辐射防治 ······ 144
　　20.6 其他 ······ 144
本标准用词说明 ······ 145
引用标准名录 ······ 146
条文说明 ······ 149

Contents

1 General provisions ······································ 1
2 Terms ··· 2
3 Basic requirements ······································ 5
4 Vehicle ··· 6
   4.1 General requirements ······························ 6
   4.2 Vehicle type and the train formation ·············· 9
   4.3 Carbody ··· 10
   4.4 Bogie ··· 11
   4.5 Electrical system ································· 11
   4.6 Braking system ···································· 12
   4.7 Control and diagnostic system ····················· 13
   4.8 Security and emergency facilities ················· 13
5 Operating organization ·································· 15
   5.1 General requirements ······························ 15
   5.2 Operational scale ································· 15
   5.3 Operational mode ·································· 16
   5.4 Operational sidings ······························· 17
   5.5 Operating management ······························ 18
6 Gauge ··· 19
   6.1 General requirements ······························ 19
   6.2 Basic parameters ·································· 20
   6.3 Structure gauge ··································· 20
   6.4 Arrangement of facilities and pipelines ··········· 23

7	Alignment		25
	7.1	General requirements	25
	7.2	Horizontal alignment	26
	7.3	Vertical alignment	28
	7.4	Sidings	29
8	Track		31
	8.1	General requirements	31
	8.2	Super high	31
	8.3	Running surface	32
	8.4	Guideway	33
	8.5	Switch	34
	8.6	Accessories	34
9	Subgrade		35
	9.1	General requirements	35
	9.2	Subgrade elevation roadbed shape and width	35
	9.3	Subgrade bed	36
	9.4	Embankment	36
	9.5	Cutting	37
	9.6	Transition section	38
	9.7	Subgrade drainage and protection	39
	9.8	Retaining structures of subgrade	40
10	Station architecture		42
	10.1	General requirements	42
	10.2	General layout of station	43
	10.3	Station plane	44
	10.4	Station profile	45
	10.5	Station entrances and exits, annex	45
	10.6	Corridor and crossover bridge	46
	10.7	Stairs, escalator, elevator and platform	46

	10.8	Barrier-free facilities	48
	10.9	Station transfer	48
	10.10	Station environmental design	49
	10.11	Building energy efficiency	50
	10.12	Minimum station height and width	50
	10.13	Pipeline synthesis	51
	10.14	Zone building	52
11	Elevated bridge structure		53
	11.1	General requirements	53
	11.2	Loads	54
	11.3	Structure design	56
	11.4	Accessory structural design	56
12	Power supply		58
	12.1	General requirements	58
	12.2	Substation	60
	12.3	Contact rail	63
	12.4	Wires and cables	65
	12.5	Power and lighting	65
	12.6	Supervisory control and data acquisition	67
13	Communication		69
	13.1	General requirements	69
	13.2	Transmission system	71
	13.3	Telephone system	72
	13.4	Radio communication system	76
	13.5	Broadcasting system	77
	13.6	Passenger information system	78
	13.7	Clock system	80
	13.8	Information resource network access system	80
	13.9	Centralized alarm system	81

	13.10	Power supply and grounding ……………… 82
	13.11	Technical requirements of communication room ……………………………………… 82
14	Signal …………………………………………………… 84
	14.1	General requirements ……………………… 84
	14.2	System basic requirements ……………………… 84
	14.3	System composition ……………………………… 85
	14.4	Control mode of the system ……………………… 86
	14.5	Subsystem requirements ……………………… 86
	14.6	Signal setup and display ……………………… 93
	14.7	System distribution ……………………………… 94
	14.8	Earthing and lightning protection ……………… 94
	14.9	Reliability, availability and maintainability …… 95
	14.10	Others ………………………………………… 98
15	Integrated supervisory and control system ……………… 99
	15.1	General requirements ………………………… 99
	15.2	System structure and principal requirements for hardware ……………………………………… 100
	15.3	Principal functions ……………………………… 101
	15.4	Basic software requirements ………………… 104
	15.5	Interface requirements ……………………… 106
	15.6	System performance index …………………… 106
	15.7	Others ………………………………………… 107
16	Platform screen ……………………………………… 109
	16.1	General requirements ………………………… 109
	16.2	Main technical indicators ……………………… 109
	16.3	Arrangement and structure …………………… 111
	16.4	Operation and control ………………………… 111
	16.5	Power supply and grounding ………………… 112

17	Base for the vehicle		113
	17.1	General requirements	113
	17.2	Functions, scale and general layout of car depot and parking lot	114
	17.3	Facilities for running and service of train	116
	17.4	Vehicle repair and maintenance facilities	119
	17.5	Comprehensive maintenance centre	121
	17.6	Main storehouse	122
	17.7	Training centre	122
	17.8	Rescue facilities	122
	17.9	Field drainage	123
18	Operation control centre		124
	18.1	General requirements	124
	18.2	Technological design	125
19	Disaster prevention and safety		127
	19.1	General requirements	127
	19.2	Building disaster protection	128
	19.3	Fire water supply and extinguishing installation	130
	19.4	Emergency ventilation and smoke extraction	133
	19.5	Emergency communication	136
	19.6	Emergency power supply and lighting	137
	19.7	Automatic fire alarm system	137
	19.8	Other disaster prevention	138
20	Environmental protection		140
	20.1	General requirements	140
	20.2	Noise pollution control	140
	20.3	Air pollution control	143

20.4　Water pollution control ·································· 143
20.5　Electromagnetic radiation control ····················· 144
20.6　Others ··· 144
Explanation of wording in the standard ······················ 145
List of quoted standards ·· 146
Explanation of provisions ··· 149

1 总　则

1.0.1 为使胶轮路轨系统工程设计功能合理、安全可靠,技术先进、经济适用,制定本标准。

1.0.2 本标准适用于中运量等级、最高运行速度不超过 80 km/h 的中央导向胶轮路轨系统的新建工程、延伸线工程和既有线改造工程设计。两侧导向胶轮路轨系统的设计在技术条件相同时也适用。

1.0.3 胶轮路轨系统设计,除应符合本标准的规定外,尚应符合国家、行业和本市现行相关标准的规定。

2 术 语

2.0.1 胶轮路轨系统 rubber tyre APM system

采用电力牵引和全自动无人驾驶技术,车辆配置橡胶轮胎和导向装置,可单车或数辆编组运行的自导向轨道系统。

2.0.2 最高运行速度 maximum running speed

为满足线路规划功能,综合线路工程条件、车站设置、投资效益等因素,同时充分发挥系统设施设备能力,经分析确定的线路应达到并可持续运行的最高速度。

2.0.3 车辆限界 vehicle gauge

在确定的车体主要尺寸、车辆悬挂系统刚度、止挡间隙、制造及装配公差、导轮间隙、导轮及走行轮磨耗、侧风环境等条件下,一辆性能完好的车辆在平直运行道上正常运行时所形成的最大动态包络线。应以区间最高运行速度 80 km/h 并瞬时超速 3 km/h,以及过站速度不大于 50 km/h 为基本条件计算车辆限界。

2.0.4 设备限界 equipment gauge

是车辆在发生悬挂故障、导向故障、轮胎爆裂等故障状态下运行时所形成的最大动态包络线。在车辆限界以外预留一定安全间隙形成的包络线,用以限制行车区的设备安装空间。

2.0.5 建筑限界 structure gauge

是在设备限界基础上,考虑设备和管线安装空间并预留一定的安全间隙后确定的最小建筑断面。

2.0.6 运行道 running surface

为车辆提供连续、平顺和摩擦阻力最小的滚动表面,应整体性强、稳定性好。当运行道为一块完整的覆盖走行轮接触范围的混凝土结构时,称为单基面运行道;当运行道分为两个与走行轮接触范围相对应的条状混凝土结构时,称为双基面运行道。

2.0.7 导向轨 guideway

引导车辆走行并提供车辆导向力的轨道结构。

2.0.8 中央导向方式 central orientation

是导向轨设置在运行道之间的导向方式。

2.0.9 道岔 switch

是一种使车辆从一股道转入另一股道的线路连接设备。

2.0.10 单开道岔 pivot switch

是一种道岔形式,主线为直线,侧线为曲线并相对于主线呈左向或右向布置。通过旋转活动端,使道岔导向轨与相邻线路衔接,实现两个方向的转换。

2.0.11 对开道岔 Y pivot switch

道岔呈对称布置,两股侧线均为曲线。通过旋转活动端,使道岔导向轨与相邻线路衔接,实现两个方向的转换。

2.0.12 交叉渡线 turntable switch

由四组角度相同的同类单开道岔和中间一组转盘道岔(或菱形交叉)以及连接导轨组成,用于平行线路之间的连接。

2.0.13 全自动无人驾驶 driverless train operation

以信号技术为基础,实现列车运行管理无司机操控的列车控制技术的总称。

2.0.14 无人区 fully automated area

全自动无人驾驶车辆基地内,将与正线运营密切相关的作业线路(出入线、洗车线、停车列检库线等)纳入信号控制系统,由ATS统一调度、控制,实现全自动无人驾驶。为了保证列车在这些线路上畅通无阻地运行,避免人员伤害事故,在线路周界设置物理隔离,并采用门禁与监控进行防护,形成无人区。

2.0.15 有人区 manned area

全自动无人驾驶车辆基地内,将需要工作人员参与的各项车辆定期检查和维修保养作业,及其使用的线路、库房、设施等组合起来,形成有人区。有人区与无人区之间实现物理隔离,保障作业安全。列车经过信号控制模式转换后,可穿行于有人区与无人区。

2.0.16 综合监控系统 integrated supervisory and control system

是基于大型的监控软件平台,通过专用的子系统接口设备,采集各子系统的数据,实现在同一工作站上监控多个专业,实现多系统的调度、协调和联动。

2.0.17 接触轨 contact rail

通过与车辆集电装置相互作用,将电能传输到胶轮路轨车辆上的装置,由供电轨和接地轨组成。

2.0.18 供电轨 power rail

向车辆提供电能的导电轨,分为正级供电轨和负级供电轨。通过集电靴实现对车辆的授电。

3 基本规定

3.0.1 应对系统的功能定位、服务水平、运输能力、线路走向、车站、车辆基地、主变电所和控制中心的设置进行统筹规划和布局，符合上海市轨道交通线网规划和近期建设规划要求。系统的建设规模和设备容量，以及车辆基地的用地面积，应根据预测的远期或客流控制期的客流量和线路通过能力，按照资源共享的原则确定。

3.0.2 设计年限应分为初期、近期、远期。初期为建成通车后第3年，近期为第10年，远期为第25年。

3.0.3 系统应采用全自动无人驾驶技术。车辆及机电设备应采用技术经济合理的成熟产品，应实现国产化和标准化，有利于行车管理、客运组织和设备维护。

3.0.4 系统的主体结构，以及因结构损坏或大修对线路运营安全有严重影响的其他结构工程，设计使用年限不应低于100年。

3.0.5 系统设计应贯彻国家节能政策，采用有利于节约能源的设备、材料和运营模式。

3.0.6 系统设计应采取防火灾、水淹、风灾、地震、冰雪和雷击等灾害的措施。

4 车 辆

4.1 一般规定

4.1.1 车辆使用寿命不应低于30年,应确保在寿命周期内正常运行的行车安全和人身安全;同时应具备故障、事故情况下对人员和车辆救助的条件。

4.1.2 车辆运行应采用全自动无人驾驶。

4.1.3 车辆及其内部设施应使用不燃材料或无卤、低烟的阻燃材料。

4.1.4 电传动系统应能充分利用轮轨粘着条件并能按车辆重量自动调整牵引力或电制动力的大小,应具有反应灵敏的防空转、防滑行和防冲动控制功能。

4.1.5 车辆主要技术规格应符合表4.1.5的规定。

表4.1.5 车辆主要技术规格

序号	项目名称	规格(除注明外,单位均为mm)
1	车辆长度(车钩连接面之间)	11 000～13 000
2	车体宽度	2 650～2 850
3	车顶距轨面高度(含车顶天线)	3 300～3 600
4	客室地板面距轨面高度(空车、新轮)	1 100
5	轴重	≤14 t
6	车门数量(单侧)	2个
7	车门开度×高度	≥1 900×1 960
8	车辆最高运行速度	80 km/h

4.1.6 车辆使用条件应符合下列要求：
  1 环境条件
    1） 气象温度　　　　　　　－25 ℃～+40 ℃
    2） 相对湿度　　　　　　　≤99%
    3） 平均年降雨量　　　　　1 149 mm
    4） 平均降雨天数(>0.1 mm)　132 天/年
    5） 日最大降雨量　　　　　196 mm
    6） 最大风速　　　　　　　90 m/h(正常运营)
    　　　　　　　　　　　　　　115 km/h(安全停放)
    7） 车辆应能经受风、雨、雾、冰、霜、沙尘的侵袭；应能经受空气中的盐雾、酸雨、碳、铜、臭氧、硫化物、氧化物等化学物质的侵蚀；应能预防虫蛀，防止啮齿类动物的侵害；应能防止霉变并不被清洗剂腐蚀。
  2 供电条件
    1） 额定电压 DC 750 V
    2） 网压变化范围 DC 500 V～900 V
  3 车辆限界应符合本标准第 6 章的有关规定。
  4 线路条件应符合本标准第 7 章的有关规定。

4.1.7 空车状态下的车辆重量不应大于车辆设计值的 3%。

4.1.8 在平直、干燥走行面上，在额定工况下，列车起动加速度为：
  1 从静止加速到 36 km/h，平均初始加速度不应低于 1.0 m/s^2。
  2 从静止加速到 80 km/h，平均加速度不应低于 0.6 m/s^2。

4.1.9 在平直、干燥走行面上，在额定工况下，常用制动平均减速度不应低于 1.0 m/s^2。紧急制动平均减速度不应低于 1.2 m/s^2。

4.1.10 车辆部件采取有效的减振降噪措施，车辆外部和内部连续等效噪声值应达到下列要求：
  1 列车静止，辅助设备和空调全部运转时：
    车内中心离地板高 1.5 m 处的噪声≤68 dB(A)；

车外距离运行道中心 7.5 m,高于运行道面 1.5 m 处的噪声≤68 dB(A)。

2 列车在地面平直运行道上以 60 km/h 正常运行时：
车内中心离地板高 1.5 m 处的噪声≤75 dB(A)；
车外距离运行道中心 7.5 m,高于运行面 1.5 m 处的噪声≤76 dB(A)。

4.1.11 列车在牵引或制动过程中纵向冲击率不应大于 0.75 m/s^3。

4.1.12 车辆运行平稳性可按现行国家标准《机车车辆动力学性能评定及试验鉴定规范》GB/T 5599 的规定方法测试,其指标不大于 2.5。

4.1.13 车辆设计应充分考虑走行轮与运行道、导向轮与导向轨之间的相互作用,降低车辆和运行道之间的横向作用力,提高行车舒适性,轮胎和运行道作用时磨耗最小。

4.1.14 走行轮充气轮胎应采取安全保护措施,爆胎时不应对车辆、接触轨、导向轨以及乘客造成损害。

4.1.15 车辆通过曲线时,转向架应有良好的抗侧滚性能。

4.1.16 应设置车辆空重车高度调整装置,应保证正常运营过程中的车辆客室地板面与车站站台面相互匹配,地板面高度在任何使用情况下不得低于站台面。

4.1.17 列车应具有下列故障运行能力：

1 列车采用 2 辆编组时,在超员载荷和丧失 1/2 动力的情况下,应具有在正线最大坡道上起动和运行到最近车站的能力。

2 列车采用 2 辆以上、4 辆及以下编组时,在超员载荷和丧失 $1/n$(n 为编组辆数)动力的情况下,应能维持运行到终点；在超员载荷和丧失 1/2 动力的情况下,应具有在正线最大坡道上起动和运行到最近车站的能力。

3 列车采用 4 辆以上、6 辆及以下编组时,在超员载荷和丧失 $2/n$(n 为编组辆数)动力的情况下,应能维持运行到终点；在超员载荷和丧失 1/2 动力的情况下,应具有在正线最大坡道上起动和运行到最近车站的能力。

  4 一列动力完好的空载列车,应具有在正线线路的最大坡道上牵引另一列相同编组、超员载荷的无动力列车运行到相邻车站的能力。

4.1.18 车辆在运行过程中,应将状态信息、故障信息以及车厢内视频信息实时上传至控制中心或指定地点。

4.1.19 车辆设计应考虑安全性、可靠性、可使用性和可维修性,宜采用模块化设计。

4.2 车辆形式与列车编组

4.2.1 采用灵活编组时,车辆为自带动力、可独立双向行驶、无贯通道的单辆车,应能实现单辆车到 6 辆车任意编组运营;采用固定编组时,车辆之间宜设贯通道,应能实现 2 辆至 6 辆车的固定编组。

4.2.2 列车两端及车辆之间设车钩,应符合下列要求:

  1 车钩联挂后,列车应具有在最不利线路上的曲线通过能力。

  2 应对车钩的连接状态进行监控,任一车钩意外脱钩时列车前后两部分都应施加紧急制动。

  3 车钩联络装置中应设缓冲件吸收撞击能量。缓冲件应能承受并可完全复原的最大撞击速度为 8 km/h。

4.2.3 车辆之间的贯通道,应满足每平方米 8 人的承载要求以及载客通过线路最小半径曲线的要求。贯通道应密封、防火、防水、隔热、隔音;渡板应耐磨、平顺、防滑、防夹;密封材料应有足够的抗拉强度,安全可靠、不易老化。

4.3 车 体

4.3.1 车体采用整体承载结构,应承受正常载荷的作用而不产生永久变形和疲劳损伤,应有足够的刚度,满足修理的要求。在最大垂直载荷作用下,车体静挠度不应超过转向架支承点距离的1/800。

4.3.2 车辆密封性能应符合现行国家标准《城市轨道交通车辆组装后的检查与试验规则》GB/T 14894 的要求。车体、安装在车体外部的各种设备的外壳,以及所有的开孔、门窗、孔盖均应防止雨雪侵入。封闭式的箱、柜应密闭良好,机械清洗时不得渗水和漏水。

4.3.3 车辆应设架车支座、车体吊装座,并标注架车、起吊的位置。

4.3.4 车辆前端不宜设司机室,前端玻璃窗宜对乘客开放。

4.3.5 前窗及客室两侧的车窗应采用安全玻璃,前窗应设刮雨器。

4.3.6 司机手动操作台应能折叠后装入柜中,与乘客隔离。手动操作台的外形、结构、操纵装置及信息显示方式应符合人体工程学原理,保证司机在有限的活动范围内驾驶舒适,同时能观察到信息设备和前方线路。

4.3.7 纵向布置的座椅端部应设挡板;客室内立柱和扶手的布置应能保证所有站立乘客均可触及。

4.3.8 每列车应至少设置 1 处轮椅专用位置并应有抓握或固定装置。

4.3.9 司机手动操作台应设自动或人工开关门的选择开关。

4.3.10 车辆应具有控制中心对乘客广播、列车预录信息广播和值守人员对乘客广播功能。

4.3.11 车门处及司机手动操作台附近应设置客室紧急对讲装

置,具备客室与控制中心之间的紧急对讲功能。车辆应监控和记录紧急对讲装置的触发状态。

4.3.12 在客室两端,应设 LED 乘客信息显示器,显示内容应与广播报站信息一致。

4.3.13 在客室内,应设 LCD 显示屏,媒体播放系统应具备直播和录播两种工作方式。

4.3.14 应设视频监控系统,监控范围应对客室和司机手动操作台全覆盖。

4.3.15 空调为冷暖节能环保型,具有制冷、制热、通风及紧急通风等功能。

在额定载荷工况下,人均新风量应不低于 10 m^3/h。新风量应按实际载客量分级调整。紧急通风应为全新风。

制冷能力应能满足额定载荷、环境温度为 35 ℃时,车内平均温度应不高于 27 ℃,相对湿度应不超过 63%;供热能力应能满足空载、环境温度为 －5 ℃时,车内平均温度应不低于 14 ℃。

4.4 转向架

4.4.1 采用单轴转向架,由驱动装置、导向装置、悬挂装置、集电装置和接地装置组成。

4.4.2 走行轮、导向轮均采用橡胶轮。走行轮橡胶轮胎使用寿命(行走里程)应不低于 120 000 km;导向轮轮胎使用寿命(行走里程)应不低于 160 000 km。每个走行轮设置气压监测传感器,当压力低于规定值时,应向控制中心和司机手动操作台报警。轮胎内应配置防爆支撑体,保证轮胎漏气后车辆安全运行至带停车线的车站。

4.5 电气系统

4.5.1 电力牵引应采用变频调压的交流传动系统,具有牵引和再生制动的基本功能。

4.5.2 电气设备的电磁兼容性应符合现行国家标准《轨道交通电磁兼容》GB/T 24338 或同等标准的规定。

4.5.3 电力牵引系统应充分利用轮胎粘着条件,自动调整牵引力或电制动力的大小,并具有灵敏的防空转、防滑行控制性能。

4.5.4 集电装置的接触压力应稳定可靠。

4.5.5 辅助电源系统应由辅助变流器和蓄电池等组成,容量应能满足车辆在各种工况下的使用需求。

4.5.6 蓄电池应具有良好的浮充电性能,其容量应保证车辆在故障及紧急情况下不低于 45 min 的应急供电,以及 45 min 应急供电后车辆能进行一次开关门。

4.5.7 车体外安装的电气设备箱防护性能应不低于 IP54。

4.6 制动系统

4.6.1 车辆应具备电制动和空气制动两种制动方式。制动控制系统应能协调电制动与空气制动并实现平滑转换。电制动优先采用再生制动。空气制动仅用于补偿电制动力不足部分、低速状态制动、紧急制动和停放制动。

4.6.2 紧急制动应为全空气制动。在平直道上实施紧急制动时,应在规定的距离内停车。

4.6.3 在电制动失效情况下,空气制动应保证超载列车限速 60 km/h 至少行驶一个往返。

4.6.4 基础制动可采用鼓式制动装置或碟片式制动装置。闸瓦应耐磨可靠,方便维护更换。

4.6.5 车辆应设有停放制动装置,保证在线路最大坡度、超载的情况下施加停放制动的列车不会发生溜车。

4.6.6 车辆基础制动用气由电动空气压缩机组提供,储风缸的容积应能存储压缩机停止运转后列车 3 次紧急制动的用风量。

4.7 控制与诊断系统

4.7.1 应通过列车通信网络进行列车控制。与运行及安全有关的控制还应具有其他形式的冗余措施。

4.7.2 列车控制与诊断系统与列车子系统应通过列车通信网络和终端进行通信,应通过列车通信网络上的标准服务接口,下载联网子系统的故障信息。微机控制子系统应能通过列车通信网络上的标准服务接口进行在线测试。

4.7.3 列车诊断系统应接收列车子系统状态信息、故障信息,并进行评估和储存。

4.7.4 列车控制与诊断系统应具有行车事件记录功能。

4.7.5 列车通信网络中关键部件的功能应冗余。

4.8 安全与应急设施

4.8.1 车辆应满足防雨水、冰雪要求。车体和安装在车体外的电气设备,其外壳的水密性应符合现行国家标准《城市轨道交通车辆组装后的检查与试验规则》GB/T 14894 的要求。车下电气设备外壳防护性能应不低于 IP54。

4.8.2 司机手动操作台应设置紧急停车操纵装置。

4.8.3 列车前端应装设前照灯,在前端紧急制动距离处照度不应小于 2 lx。列车尾端外壁应设满足可视距离要求的红色防护灯。

4.8.4 车辆内应有各种警告标识,包括紧急制动装置、带电高压设备、消防设备及电器箱内的操作警示标识等。

4.8.5 客室应配置适合于电气装置与油脂类装置的灭火器具,安放位置应方便取用并标识明显。灭火时产生的气体不应对人体产生危害。

4.8.6 客室内应设置乘客紧急报警装置,具有乘客与控制中心的双向通信功能。

4.8.7 电气设备金属外壳或箱体应采取保护性接地措施。

5 运营组织

5.1 一般规定

5.1.1 运营组织设计应以高效服务乘客、方便运营管理、确保运营安全为主要目标,以城市轨道交通线网规划、建设规划、预测客流为主要依据,明确系统的运营规模、运营模式、运营配线和运营管理。

5.1.2 应对初期、近期和远期的客流数据进行预测,并进行客流变化风险分析,预测的内容及深度应满足各阶段工程设计的要求。

5.1.3 应明确初期、近期和远期的列车编组、行车交路、行车间隔、输送能力、运行速度、车辆配置等运营规模,并在满足预测客流量的基础上,提高运输效率和服务水平、控制建设和运营成本。

5.1.4 应明确全线配线的设置位置、配线形式、使用功能及作业能力。在保证运营安全的前提下,运营配线应满足不同运营状态下的需要。

5.1.5 应明确运营管理系统、维修保障系统及其组织架构和人员配置,明确各种运营状态下的管理方式。

5.2 运营规模

5.2.1 线路必须为全封闭式,以高架敷设方式为主,高密度组织运营,系统设计远期最大通过能力应满足行车密度不小于 30 对/h 的要求。

5.2.2 车厢有效空余地板面积上站立乘客标准宜按每平方米站

立 4 名～5 名乘客计算。根据客流特点,可采用灵活编组方式,适应不同时段的客流量变化要求。

5.2.3 各年限设计输送能力应满足预测单向高峰小时最大断面客流量的需要,并留有不小于 10% 的运能裕量。

5.2.4 应根据预测初期、近期和远期的客流量,综合行车组织方案和技术经济比选后确定列车编组和车辆配置数。

5.2.5 初期高峰小时全线运行间隔不宜大于 4 min,平峰时段全线运行间隔不应大于 10 min。远期高峰时段全线运行间隔不宜大于 2 min,平峰时段全线运行间隔不宜大于 6 min。

5.2.6 最高运行速度不宜大于 80 km/h,设计旅行速度不宜低于 30 km/h。

5.3 运营模式

5.3.1 系统应采用双线、右侧行车制。

5.3.2 应采用全自动无人驾驶模式。列车运行监控、车辆客室应急通信以及站台门的设置和视频监控,应符合现行国家标准《城市轨道交通技术规范》GB 50490 的有关规定。

5.3.3 应根据各设计年限客流量和分布特征综合确定列车运行交路。可在客流断面变化较大区段组织区段运行。

5.3.4 对于有站台门的有效站台,进站列车进入站台的运行速度不宜超过 50 km/h。对于不设站台门的有效站台,进站列车进入站台的运行速度不宜超过 40 km/h。

5.3.5 停站时间应包括列车开关门时间和乘客上下车时间。设站台门的车站,列车开关门时间不宜大于 17 s;不设站台门的车站,列车开关门时间不宜大于 15 s。宜考虑超高峰客流、各车门客流不均衡分布、列车在折返之前清客等因素对停站时间的影响。列车停站时间可按下式计算:

$$t_{停} = [(P_{上下}/N \times n) \times K]T_1 + T_2 \qquad (5.3.5)$$

式中：$t_停$——列车停站时间(s)；

$P_{上下}$——预测的车站高峰小时上下车人数之和(取大的方向)；

N——高峰小时开行的列车对数；

n——开门侧列车的车门总数量；

K——超高峰系数，一般取 1.1～1.4；

T_1——平均上(或下)一名乘客的时间(s/人)；

T_2——列车开关门时间(s)。

5.3.6 故障列车退出运营前，应先在车站清空乘客。正线救援推进速度不宜大于 30 km/h。

5.4 运营配线

5.4.1 运营配线宜设置在车站，其使用功能及作业能力应满足不同运营状态下的需要，满足设计远期最大通过能力的需要。

5.4.2 折返站配线宜采用站后折返形式。

5.4.3 停车线设置形式应满足列车临时折返、故障车停放、热备车停放等运营作业需要。

5.4.4 单渡线的布置应提高系统运营的灵活性，方便故障情况下组织临时交路。单渡线与折返线、联络线、出入段(场)线结合布置时，应合理布置道岔方向。

5.4.5 车辆基地出入线应连通上下行正线，通过能力应满足运营要求。

5.4.6 应根据线网资源共享要求设置联络线，其形式应满足运营作业要求。

5.4.7 支线与主线接轨的车站，应在交汇方向设置平行进路，并应在不同站台完成乘客上下车作业。

5.5 运营管理

5.5.1 应设置控制中心,具有对列车运行系统、车站设备等进行集中监控的能力,并可直接指挥线路巡检队伍的日常工作。

5.5.2 应采用全自动无人驾驶模式。

5.5.3 应结合网络运营管理功能要求,设置运营管理机构,实现系统的安全、高效管理。

5.5.4 应对设备、设施运营状态、维修状态进行有效的监控与管理。应实现运营管理和维修保障的资源共享。

5.5.5 每条线路的运营管理定员指标宜为30人/km及以下。

5.5.6 应具备正常运营状态、非正常运营状态和紧急运营状态下的运营管理模式。运营管理机构应针对不同的运营状态制定相应的管理规程和规章制度,包括工作流程和岗位责任。

5.5.7 为充分发挥系统的客运功能,全日运营时间不宜少于18 h。

6 限 界

6.1 一般规定

6.1.1 应根据车辆断面尺寸和技术参数、导向方式、受电方式、运行工况、轨道特性、设备及管线布置、施工方法等因素,综合分析计算确定限界。

6.1.2 高架、地面线车辆限界,应计及风荷载引起的横向和竖向偏移量。

6.1.3 曲线段设备限界,应在直线地段设备限界基础上,根据平面曲线半径、超高设置,以及车辆和轨道参数的变化等因素引起的偏移量进行加宽。

6.1.4 建筑限界中不包括测量误差、施工误差、结构沉降和位移变形。当两线间无墙、柱和设备时,设备限界的安全间隙应不小于 100 mm;当两线间有墙、柱时,应按照墙、柱距离线路中心线的建筑限界加上墙、柱的厚度及其两侧的施工及变形误差确定线间距。

6.1.5 区间应设纵向连续贯通的疏散平台。特殊情况不能贯通时,应实现疏散平台与运行道、区间结构面和站台的有效连接。区间疏散平台不得侵入设备限界,建筑限界应覆盖疏散平台所需要的净空尺寸。

6.1.6 缓和曲线段的建筑限界加宽计算,应执行现行国家标准《地铁设计规范》GB 50157 和现行行业标准《地铁限界标准》CJJ 96 的规定。

6.2 制定限界的基本参数

6.2.1 车辆基本参数应符合本标准第 4 章的规定。

6.2.2 线路主要参数应符合本标准第 7 章的规定。

6.2.3 区间最高运行速度不大于 80 km/h,可瞬时超速 3 km/h。

6.2.4 高架、地面线的风荷载参数宜取 400 N/m^2。

6.2.5 正线区间应在轨道旁侧设置区间疏散平台,并符合下列规定:

  1 区间疏散平台不宜高于车厢地板面。

  2 区间疏散平台边缘和设备限界之间的安全间隙不应小于 50 mm。

  3 区间疏散平台最小宽度应符合表 6.2.5 的规定。

表 6.2.5 疏散平台最小宽度(mm)

设置位置	一般情况	困难情况
单线(设于一侧)	700	600
双线(设于中央)	1 000	800

6.3 建筑限界

6.3.1 限界坐标系应为正交于轨道平面的直角坐标系,以运行道顶部中心连线的中点引出的水平坐标轴为水平轴,以 X 表示;以通过该中点垂直于水平轴的坐标轴为垂直轴,以 Y 表示。

6.3.2 区间建筑限界与设备限界之间,为设备和管线安装所需的空间,应预留不小于 50 mm 的安全间隙。当设备限界与建筑限界间无设备安装时,安全间隙宜取 200 mm。

6.3.3 矩形隧道区间建筑限界应按下列规定计算确定:

  1 直线段矩形隧道建筑限界,应在直线段设备限界基础上,按下列公式计算确定：

$$B_S = B_L + B_R \tag{6.3.3-1}$$

$$B_L = X_{S(max)} + b_L + c \tag{6.3.3-2}$$

$$B_R = X_{S(max)} + b_R + c \tag{6.3.3-3}$$

$$H = h_1 + h_2 + h_3 \tag{6.3.3-4}$$

式中： B_S ——建筑限界宽度(mm)；

B_L ——行车方向左侧墙至线路中心线净空距离(mm)；

B_R ——行车方向右侧墙至线路中心线净空距离(mm)；

H ——自结构底板至隧道顶板建筑限界高度(mm)；

$X_{S(max)}$ ——直线段设备限界最大半宽值(mm)；

b_L, b_R ——左、右侧的设备、支架或疏散平台等最大安装宽度值(mm)；

c ——安全间隙(mm)；

h_1 ——设备限界高度(mm)；

h_2 ——设备安装完成后至设备限界的安全间隙(mm)，当设备限界与建筑限界间无设备安装时，安全间隙一般取 200 mm；

h_3 ——安装在顶部的设备、管线等最大安装高度(mm)。

2 曲线段矩形隧道建筑限界，应在曲线段设备限界基础上，按下列公式计算确定：

$$B_a = X_{Ka} \cos \alpha - Y_{Ka} \sin \alpha + b_R (或 b_L) + c \tag{6.3.3-5}$$

$$B_i = X_{Ki} \cos \alpha + Y_{Ki} \sin \alpha + b_L (或 b_R) + c \tag{6.3.3-6}$$

$$B_u = X_{Kh} \sin \alpha + Y_{Kh} \cos \alpha + h_2 + h_3 \tag{6.3.3-7}$$

式中： B_a ——曲线外侧建筑限界宽度(mm)；

B_i ——曲线内侧建筑限界宽度(mm)；

B_u ——曲线建筑限界高度(mm)；

α ——由轨道超高形成的偏转角(°);

$(X_{kh}、Y_{kh})$,$(X_{ka}、Y_{ka})$,$(X_{ki}、Y_{ki})$ ——曲线段设备限界控制点坐标值(mm)。

3 全线矩形隧道建筑限界高度,宜统一采用曲线段最大高度。

6.3.4 单圆隧道和单线马蹄形隧道建筑限界,应满足该工法段最小平面曲线半径处建筑限界的要求。

6.3.5 高架预制 U 梁区间,应按该梁型段最小平面曲线半径和最大超高确定建筑限界。

6.3.6 单圆或单线马蹄形隧道在曲线超高地段,可采用隧道中心向线路中心线内侧偏移的方法解决轨道超高造成的内外侧不均匀位移量。位移量应按下列公式计算:

$$x' = h_0 \cdot \alpha \quad (6.3.6-1)$$

$$y' = -h_0(1-\cos\alpha) \quad (6.3.6-2)$$

式中:x'——隧道中心线对线路基准线内侧的水平位移量(mm);

y'——隧道中心线竖向位移量(mm);

h_0——限界圆中心至轨顶面的垂向距离(mm)。

6.3.7 高架区间(现浇施工)或地面线、U 形槽区间建筑限界应符合下列规定:

1 应按高架或 U 形槽段设备限界及设备安装尺寸计算确定。

2 地面线建筑限界应按路基宽度、两侧排水沟以及管线布置方式等确定。

3 区间高架线、地面线两侧声屏障应按建筑物考虑,并考虑在风荷载下的变形。当采用半封闭弧形声屏障时,其上部与设备限界的安全间隙不宜小于 200 mm,困难情况下不得小于 100 mm。

6.3.8 直线车站站台计算长度内的建筑限界应符合下列规定:

1 站台面不应高于车厢地板面,站台面距轨顶面的高度采用 $1\,080_{-5}^{0}$ mm。

2 站台计算长度内,建筑装修完成后的站台边缘不得侵入车站车辆限界,站台边缘至线路中心线的距离采用 1 360 mm～$1\,460_{0}^{+5}$ mm。

3 车站设置站台门时,站台门与车辆限界之间,应保持不小于 25 mm 的安全间隙。

4 站台计算长度外,建筑装修完成后的站台边缘应设置不小于 1 500 mm 长的导向橡胶条,实现站台边缘距线路中心线距离由 $1\,632_{0}^{+20}$ mm 至 1 360～$1\,460_{0}^{+5}$ mm 过渡。

6.3.9 曲线站台、站台门至线路中心线水平距离,应按车辆参数和曲线半径计算确定。

6.3.10 站台计算长度外,执行区间建筑限界的规定。站台计算长度外的站台边缘至线路中心线距离,宜按设备限界另加不小于 50 mm 安全间隙确定。

6.3.11 直线地段防淹门、人防隔断门的安装尺寸应符合下列规定:

1 门框内边缘至设备限界应有不小于 100 mm 安全间隙;防淹门、人防隔断门建筑限界高度宜与区间矩形隧道高度相同。

2 曲线地段防淹门、人防隔断门建筑限界应在直线地段基础上计算确定,必要时应予加宽和加高。

6.3.12 车辆基地库内低平台及栏杆与车辆轮廓线之间的间隙不应大于 100 mm。

6.4 设备和管线布置

6.4.1 建筑限界和设备限界之间的空间用于安装设备和管线,应考虑设备和管线制造、安装误差,以确保行车安全。

6.4.2 各种管线和设备的安装应综合布置,互不干扰。

6.4.3 强、弱电设备宜分别布置在线路两侧,若必须布置在同侧,相互之间的距离应满足强、弱电防干扰要求。

6.4.4 道岔区设备安装和检修作业空间,应综合考虑疏散平台、电缆路径等要求。

6.4.5 区间隧道内管线设备布置应符合下列规定:

 1 行车方向左侧宜布置强电设备和管线,行车方向右侧宜布置弱电设备和管线。

 2 疏散平台上方应保持不小于 2 000 mm 的疏散净空。

6.4.6 高架区间内管线设备布置应符合下列规定:

 1 双线高架区间宜在两线之间布置疏散平台。强、弱电设备宜分开布置在两线之间和两线外侧;同侧布置时,应满足强、弱电之间的安装距离要求。

 2 照明灯、信号机和信号天线宜安装在两线外侧。

6.4.7 车站范围内管线设备布置应符合下列规定:

 1 岛式站台时,广告灯箱、信号机和弱电电缆宜布置在站台对侧,强电电缆宜布置在站台板下的电缆通道内或电缆支架上,站台门电缆布置在站台板下结构墙体外侧。

 2 侧式站台时,广告灯箱和信号机宜布置在两线之间。强、弱电电缆宜布置在站台内电缆通道内或电缆支架上,站台门电缆布置在站台板下结构墙体外侧。

7 线 路

7.1 一般规定

7.1.1 线路分为正线、配线和车场线。配线包括车辆基地出入线、联络线、折返线、停车线、渡线和安全线。

7.1.2 选线应符合下列规定：

    1 选线应符合上海市城市总体规划、轨道交通线网规划和建设规划的要求。

    2 线路走向和站点设置应与地区客流走廊及主要客流集散点的空间分布相吻合。线路与既有轨道交通线网之间应换乘便捷，并应与地面其他交通方式有效衔接。

    3 线路之间以及线路与其他轨道交通线路之间应采用立体相交方式。

    4 选线应根据城市规划、地形、道路、地下管线、敏感建筑、文物保护、环境景观、工程地质和水文地质条件、施工方法与交通疏解等条件综合确定，应减少对环境的影响。

    5 线路长度不宜大于 20 km。

7.1.3 车站设置应符合下列规定：

    1 车站的分布应结合沿线用地现状和规划、道路布局、各类交通枢纽点和客流集散点的分布合理确定，应注重与大运量轨道交通的接驳换乘。

    2 应实现街区化设站、快速收集客流。

7.1.4 线路敷设方式应符合下列规定：

    1 应以高架敷设方式为主；当线路沿线用地不受限且可以与相交道路实现立交穿越时，可采用地面线；在城市中心区或困难地段,可采用地下线。

2 高架线和地面线设计,应根据城市环境、地形条件,与城市(规划)道路及其绿化隔离带布局相协调。线路与建筑物的距离,应结合行车安全、城市防灾、城市规划、环境保护、景观等要求综合确定。

3 地面线及各类过渡段应设置安全防护设施。

4 高架线应减小对地面道路交通、周围环境和城市景观的影响。当高架线跨越道路、铁路、河流、架空电力线时,应满足相关行业的标准以及净空要求。

7.1.5 车站配线设置应满足运营需求,考虑故障模式下的运营灵活性、客流不确定性、应急救援、防灾安全等因素。

7.2 线路平面

7.2.1 平面曲线设计应符合下列规定:

1 线路平面圆曲线半径应根据路段设计速度、工程条件、地形地物以及减小维修等因素,因地制宜,合理确定。最小曲线半径不应小于表7.2.1的规定。

2 车站站台宜设在直线上。困难条件下设于曲线上时,平面曲线半径不应小于表7.2.1的规定。

表7.2.1 圆曲线最小曲线半径(m)

线路	一般地段	困难地段
正线	100	50
车站	直线	600
出入线、联络线	80	50
车场线	22	

注:双线中两线间距不变的并行地段的平面曲线,宜设计为同心圆。同心圆的曲线半径可为零数。

3 正线及配线的圆曲线最小长度,一般情况下不应小于

15 m;在困难情况下,不应小于一节车辆转向架中心距。

4 正线及配线的无超高的最小夹直线长度,一般情况下不应小于 $0.5v$[v 为列车通过夹直线的运行速度(km/h)],困难条件下不应小于 15 m。

5 新建线路不应采用复曲线。

7.2.2 正线线路平面圆曲线与直线之间应根据曲线半径、路段设计速度及曲线超高设置等因素设置三次抛物线型的缓和曲线,其长度可按表 7.2.2 选用。

表 7.2.2 缓和曲线长度(m)

R \ v \ L	80	75	70	65	60	55	50	45	40	35	30	25	20
2 500	—												
2 000	15	15											
1 500	15	15	15										
1 200	20	15	15	15									
1 000	20	20	15	15	15								
800	30	30	20	15	15								
700	30	30	30	15	15	15							
650	30	30	30	30	15	15							
600	30	30	30	30	15	15	15						
550	30	30	30	30	15	15							
500	30	30	30	30	30	15	15						
450	30	30	30	30	25	15							
400		30	30	30	30	25	15	15					
350			30	30	30	25	25	15					
300				30	30	25	25	25	15				
250					30	25	25	25	15				

续表7.2.2

R \ v	80	75	70	65	60	55	50	45	40	35	30	25	20
200							25	25	25	15			
150								25	25	25			
100										25	25		
50												25	25

注：R—曲线半径(m)；v—速度(km/h)；L—缓和曲线长度(m)。

7.2.3 道岔布置应符合下列规定：

1 正线、配线和车场线采用的道岔包括单开道岔、对开道岔和交叉渡线。

2 道岔应设在直线段。道岔端部距离平曲线端部不应小于2 m，距离竖曲线端部不应小于5 m。

3 道岔宜靠近车站布置，道岔端部至车站站台计算长度端部的距离应满足信号设备设置要求，一般情况下不宜小于13.5 m，困难条件下不应小于8.5 m。

4 相邻两组道岔间的最小距离应满足道岔设备及转辙机基坑的布置要求。

7.3 线路纵断面

7.3.1 线路坡度设计应符合下列规定：

1 区间正线及车辆基地出入线最大坡度为60‰。

2 区间高架线和地面线的最小坡度，一般情况下不宜小于3‰。在采取有效排水措施后，可采用平坡；区间隧道最小坡度不应小于3‰。

7.3.2 车站、道岔及配线设计坡度应符合下列规定：

1 车站站台范围内的线路应设在一个坡段上。

2 车站宜采用平坡。在排水困难的条件下,坡度不宜大于3‰。

3 道岔宜设在平坡上。当设在坡道上时,坡度不宜大于5‰,困难条件下不得大于10‰。

4 停车线宜设在平坡上。在排水困难的条件下,隧道内的停车线坡度宜为3‰,且应布置在面向车挡的下坡道上。

7.3.3 坡段与竖曲线设计应符合下列规定:

1 线路坡段长度不宜小于远期列车长度,并应满足相邻竖曲线间的夹直线长度不小于30 m。

2 两相邻坡段的坡度代数差等于或大于2‰时,应设圆曲线型竖曲线连接。竖曲线半径不宜小于表7.3.3的规定,且竖曲线的最小长度不宜小于15 m。

3 车站站台计算长度范围内不得设置竖曲线。

4 竖曲线和缓和曲线不宜重叠。

5 长大坡段不宜与平面小半径曲线重叠。

表7.3.3 竖曲线半径(m)

线别		一般情况	困难情况
正线	区间	3 000	2 000
	车站端部	2 000	1 000
	出入线、联络线、车场线	2 000	1 000

7.4 配 线

7.4.1 车辆基地出入线设置应符合下列规定:

1 出入线宜在车站端部接轨。

2 出入线应按双线双向运行设计,当与正线发生交叉时,应采用立体交叉方式。

7.4.2 折返线(停车线)设置应符合下列规定:

1 折返线布置应结合车站站台形式确定,应满足系统最大通过能力的需要。

　　2 停车线应具备故障列车待避和临时折返功能；停车线尾端宜设置单渡线与正线贯通。

　　3 折返线（停车线）的有效长度应按照远期列车编组长度、安全距离、信号设备的安装距离计算确定。

7.4.3 渡线的设置应符合下列规定：

　　1 渡线应设在车站端部，位置和方向宜结合运营需要和工程实施条件确定。

　　2 在采用站后折返的终点站，宜增设站前单渡线，并按逆岔方向布置。

7.4.4 安全线（安全距离）应符合下列规定：

　　1 列车折返线及停车线末端均应设置安全线（安全距离）。

　　2 安全线（安全距离）自列车停车点至车挡前端（不含车挡长度）的最小距离不宜小于 12 m。

8 轨 道

8.1 一般规定

8.1.1 轨道由运行道、导向轨、道岔和车挡组成。

8.1.2 轨道结构设计，应根据车辆荷载确定轨道结构的承载能力，应符合重量均衡、结构等强、合理匹配的设计原则。轨道结构应具有足够的强度、稳定性和耐久性。

8.1.3 轨道零部件宜采用通用部件，在满足轨道功能前提下，结构应简单，便于养护维修。

8.2 轨道超高

8.2.1 曲线超高值应按下式计算：

$$h=\frac{v^2}{1.27R} \tag{8.2.1}$$

式中：h——超高值(%)；

v——列车通过速度(km/h)；

R——曲线半径(m)。

圆曲线的最大超高值为 6%，允许最大欠超高为 5%。道岔区允许最大欠超高为 10%。

8.2.2 车站站台计算长度范围内应不设超高。

8.2.3 曲线段运行道应设置超高横坡，宜采用半超高。

8.2.4 曲线超高值应在缓和曲线内递减。无缓和曲线或缓和曲线长度不足时，应在直线段递减。超高顺坡率不宜大于 2.4‰。

8.3 运行道

8.3.1 运行道宜采用混凝土结构,特殊地段可采用钢结构。地下线运行道混凝土强度等级不应低于 C35;高架线和地面线不应低于 C40。混凝土结构的设计使用年限不应低于 100 年。

8.3.2 运行道应满足承载力要求,运行道与下部结构结合面应采取加强措施。

8.3.3 运行道宽度应满足车辆运行要求;运行道高度应结合下部基础形式、排水、设备电缆过轨预埋条件、超高设置方式等综合确定。运行道表面应拉毛,摩擦系数不应小于 0.85。

8.3.4 运行道主要几何参数及允许偏差应符合表 8.3.4 的规定。

表 8.3.4 运行道主要几何参数及允许偏差

项目	设计参数
双基面单个运行道宽度	(500~900)mm±10 mm
单基面运行道宽度	(2 550~2 800)mm±10 mm
运行道中心间距	(2 050~2 080)mm±10 mm
运行道纵向平整度	≤3 mm/3 m
运行道横向平整度	≤6 mm

8.3.5 运行道应设置伸缩缝,伸缩缝间距不宜大于 20 m。在结构沉降缝和高架梁缝处,必须设置运行道伸缩缝。伸缩缝宜与列车行进方向垂直,缝宽不应大于 25 mm。当结构缝宽大于 25 mm 时,应采取适当措施,防止车轮踏空。

8.3.6 单基面运行道表面应设置 1‰~2‰的横向排水坡,双基面运行道表面可不设置排水横坡。宜利用线路纵向坡度实现纵向排水。线路平坡地段,运行道中间或两侧宜设置排水坡不小于 3‰的纵向排水沟。

8.3.7 双基面运行道下应预留过水管,过水管截面尺寸应满足排水量的需求。

8.3.8 在寒冷地区,宜设置运行道冬季加热措施,防止运行道表面结冰。

8.4 导向轨

8.4.1 应根据车辆导向系统结构和运行过程中导向力要求,以及供电轨的安装条件综合确定导向轨断面尺寸。导向轨断面的允许制造误差及安装误差,应与车辆导向轮允许误差相匹配。

8.4.2 导向轨应具有足够的强度、耐久性和防腐性能。

8.4.3 导向轨宜采用标准型钢并具有良好的延展性,导向轨弯折、开孔、切角等加工应消除残余应力。

8.4.4 导向轨安装完毕,线型应与线路相匹配,3 m 范围内不得出现 2 处及以上的扭曲,扭曲尺寸应小于 3 mm。

8.4.5 导向轨中心线与运行道走行面之间的相对高度误差为 ±5 mm。

8.4.6 导向轨应设置伸缩缝。在结构缝处,导向轨伸缩缝宽度宜不小于结构变形量。当伸缩缝宽度小于 25 mm 时,应采用垂直缝;当伸缩缝宽度大于 25 mm 时,应采用斜缝。伸缩缝宽度不得大于 125 mm。

8.4.7 导向轨分段布置应与土建结构尺寸相匹配。导向轨悬臂长度不宜超过 0.6 m。

8.4.8 导向轨支撑件结构应简单、通用,保证足够的强度和适量的弹性,具有良好的防腐性能和水平、高低调整能力,应采取防松措施。

8.4.9 导向轨支撑件表面应做防锈防腐处理。

8.5 道　岔

8.5.1 道岔包括单开道岔、对开道岔和交叉渡线三种形式。

8.5.2 道岔的布置应符合下列规定：
  1 道岔不应跨梁缝、变形缝等布置。
  2 道岔不应设置在竖曲线上，不应跨变坡点设置。

8.5.3 道岔区的排水设计应结合线路平面、纵断面、区间泵站、车站集水井位置等因素综合考虑。转辙机基坑应有排水措施。

8.5.4 转辙机电机及传动杆件不应处于道岔基坑最低点，避免积水。

8.5.5 应在土建结构之上设置独立的道岔设备基坑，导向轨基座安装面不宜低于走行面。

8.6 辅助设备及常备材料

8.6.1 挡车器的设计应符合下列规定：
  1 设置于站前折返线路末端的车挡，应考虑重载列车撞击要求；其他线路末端的车挡应考虑空载列车撞击要求。
  2 正线、配线及试车线宜采用滑移式液压缓冲挡车器。
  3 车场线库内宜采用固定式液压缓冲挡车器，库外宜采用滑移式液压挡车器。

8.6.2 线路应设线路标志和行车标志。供司机瞭望的百米标、坡度标、限速标、停车位置标、警冲标等标志，宜采用反光材料制作，并安装在行车方向右侧司机易见的位置。

8.6.3 轨道常备材料的种类及数量应满足运营维修需求且符合资源共享的原则。

9 路 基

9.1 一般规定

9.1.1 路基工程应具有足够的强度、稳定性和耐久性。

9.1.2 路基工程设计应符合地区环境保护和景观的要求。

9.1.3 车辆竖向活载设计轴荷载采用 140 kN,可不计冲击力、离心力、制动力和摇摆力。

9.1.4 路基工程设计应采用先进技术、成熟工艺,采用机械化施工。

9.1.5 路基工程应做好排水设计,保证排水系统完整、通畅。

9.1.6 路肩及边坡上不应设置电缆沟槽;困难情况下必须设置时,应采取有效措施,确保路基的完整和稳定。在路基上设置杆架、管线等设备时,应采取保证路基稳定的有效措施。

9.1.7 路堤与桥台、路堑及涵洞等结构物连接处应设置过渡段。

9.1.8 路基工程的地基应满足承载力和路基工后沉降的要求。地基处理措施必须根据轨道和车辆荷载、地质资料、路堤高度、填料、建设工期等通过验算确定。

9.1.9 区间路基两侧应设置贯通的防护栅栏。

9.2 路肩高程、路基面形状和宽度

9.2.1 路肩高程应高出线路通过地段的最高地下水位或最高地面积水水位加毛细水强烈上升高度,再加 0.5 m。若采取降低水位、设置毛细水隔断层等措施,可不受此限制。

9.2.2 路肩高程应考虑与城市其他交通的衔接和相交等情况。

9.2.3 路基面位于运行道结构层底面以下,可不设路拱。

9.2.4 路基面宽度应根据运行道宽度、数量、线间距、路基面形状、路肩宽度等计算确定,并符合下列规定:

1 路肩宽度:取 0.75 m。

2 车场咽喉区线束最外侧股道线路中心至路基边缘的宽度为 2.03 m～2.15 m,试车线路基面宽度为 4.05 m～4.30 m。

9.3 基 床

9.3.1 路基基床厚度为 0.8 m。基床厚度以路肩施工高程为计算起点。

9.3.2 填料分类分组应按现行行业标准《城市道路工程设计规范》CJJ 37 的有关规定执行。

9.3.3 路堤宜选用级配较好的砾类土、砂类土等粗粒土作为填料,填料最大粒径应小于 150 mm。

9.3.4 路堑基床土质不满足第 9.3.2 条的规定时,应采取换填或土质改良等措施。

9.3.5 基床应采用重型压实标准,压实度≥95%。

9.4 路 堤

9.4.1 地基土密实、地面横坡为 1:10～1:5 时,路堤可直接筑于天然地面上,但应清除地表草皮、树根。路堤基底为耕地时,应清除表层种植土并碾压密实。经过水田、池塘时,应疏干排水、挖除淤泥,并根据具体情况采用抛填片石或夯填砂、砾石及其他地基加固措施。

9.4.2 高度小于基床厚度的低路堤,基床厚度范围内天然地基的土质及其天然密实度应符合本标准第 9.3.2 及 9.3.5 条的规定。

9.4.3 路堤边坡应根据填料或土质的物理力学性质、边坡高度、车辆荷载和地基工程地质条件等确定,一般可取 1∶1.5。

9.4.4 基床以下部位宜选用级配较好的砾类土、砂类土等粗粒土作为填料,填料的最大颗粒不得大于 300 mm。

9.4.5 不同填料填筑路堤时,应分层填筑。每一水平层全宽应以同一种填料填筑。当渗水土填在非渗水土上时,非渗水土层顶面应向两侧设 4%的人字横坡;当渗水土填在非渗水土下时,接触面可为平面。当上下两层填料的颗粒大小相差悬殊时,应在分界面上铺设厚度不小于 30 cm 的垫层。

9.4.6 基床以下部位填料的压实标准应符合表 9.4.6 的规定。

表 9.4.6 基床以下部位填料的压实标准

填挖类型	基床顶面以下深度(cm)	压实度
填方	80~150	0.93
	>150	0.92

9.4.7 软土地基上的路基最小稳定安全系数应符合下列规定:

　　1 不考虑轨道及列车荷载作用时,稳定安全系数应不小于 1.20。

　　2 考虑轨道及列车荷载作用时,稳定安全系数应不小于 1.10。

9.4.8 路基所允许的变形量不应大于 5‰。

9.4.9 软土地基上的路堤应进行滑动稳定和沉降检算。当稳定安全系数、工后沉降不符合第 9.4.7 和 9.4.8 条规定时,应进行地基处理。

9.5 路　　堑

9.5.1 路堑设计应减少对天然植被和山体的破坏,防止诱发地质灾害。

9.5.2 路堑边坡形式及坡率应根据工程地质及水文地质条件、土的性质、边坡高度、防排水措施、施工方法，并结合力学分析等综合确定。

9.5.3 土质路堑应在侧沟外侧设置宽度不小于 1 m 的平台。当边坡已防护加固时，可不设侧沟平台。

9.6 过渡段

9.6.1 路堤与桥台、土质路堑及箱涵等连接处应设置过渡段。过渡段的基床填料及压实标准应与相邻基床相同，基床以下应选用 A、B 组填料或级配碎石，压实标准应符合表 9.4.6 的要求。

9.6.2 路堤与桥台连接处的路桥过渡段应按图 9.6.2 进行设计，台后基坑应以 C15 混凝土回填或以碎石分层填筑压实。

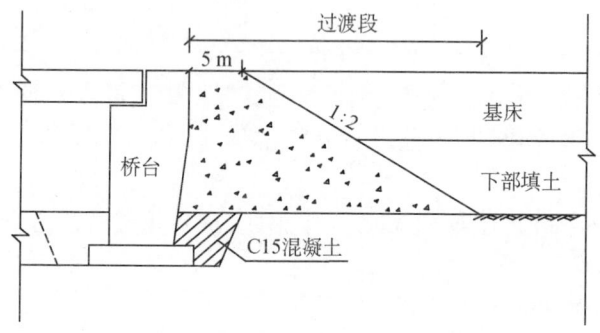

图 9.6.2 路桥过渡段

9.6.3 路堤与箱涵等横向构筑物连接处的过渡段应按图 9.6.3 进行设计。当横向构筑物顶面填土高度小于 1.0 m 且不足路堤高度的 1/2 时，可不设置过渡段。

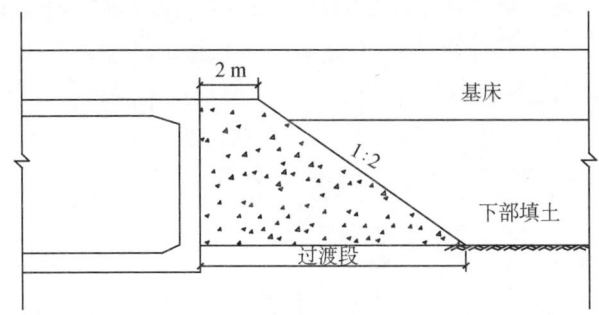

图 9.6.3 路堤与箱涵等横向构筑物连接处的过渡段

9.6.4 路堤与土质路堑连接处,应先沿原地面纵向挖成 1∶1.5 的坡面后,再在 1∶1.5 的坡面上设置台阶,台阶高度应为 0.6 m(图 9.6.4)。

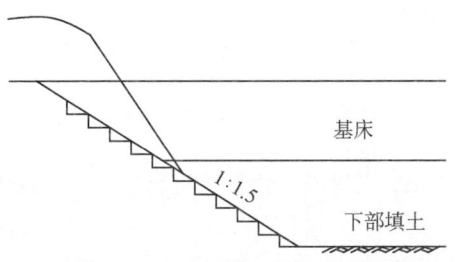

图 9.6.4 路堤与土质路堑连接处的过渡段

9.7 路基排水及防护

9.7.1 路基排水设备应布置合理,与桥涵、隧道、车场、市政、农田水利等排水设施衔接时,应保证排水通畅。

9.7.2 纵向地面排水设备的坡度不应小于 2‰,地面平坦地段或反坡排水地段,仅在困难情况下可减小至 1‰。地面排水不宜排入地下隧道。穿越线路的横向排水设备的坡度不宜小于5‰。

9.7.3 排水沟的横断面应有足够的过水能力。除需按流量计算者外,底宽及深度不宜小于0.4 m。位于反坡排水地段或小于2‰坡道的路堑侧沟,其分水点的沟深可减少至0.2 m。

9.7.4 洗车线和站场咽喉应加强路基排水,并应符合下列规定:

1 同一线束范围内的运行道应设为平坡,运行道之间以级配碎砾石及混凝土填平。

2 线束与线束间应设排水横坡,坡率一般为2%;最低点设置纵向盖板排水沟,纵坡一般为2‰。

9.7.5 在纵横向排水槽、管交汇处和排水管转弯处以及高程变化处,宜设检查井或集水井。

9.7.6 纵向排水槽每隔10 m～15 m、横向排水槽每隔3 m～5 m,应设1处宽2 cm～3 cm的沉降缝。

9.7.7 路基边坡根据土质、水文地质条件、边坡高度、周围景观等情况,可采用种草或液压喷播植草、铺草皮、干砌片石、浆砌片石或混凝土骨架护坡等坡面防护措施。

9.8 路基支挡结构

9.8.1 路基支挡结构类型及其设置位置应安全可靠、技术先进、经济合理、施工和养护方便并与相邻建筑物协调。与桥台、隧道洞口连接时应衔接平顺。地面线路至地下线路敞开过渡段路基宜采用U型钢筋混凝土支挡结构。

9.8.2 支挡结构在设计荷载作用下,应满足稳定性、坚固性和耐久性的要求。计算方法和构造要求,可按现行行业标准《铁路路基支挡结构设计规范》TB 10025的有关规定执行。

9.8.3 路堤或路肩挡土墙的墙后填料及其压实度应符合本标准第9.3.2～9.3.5条的规定。

9.8.4 应按车辆的实际轴重计算其产生的竖向荷载作用。当支挡结构上有声屏障等附属设施时,应增加风荷载等附加荷载。

9.8.5 挡土墙基础埋置深度应符合下列规定:

1 一般情况不应小于1.0 m。

2 受水流冲刷时,在冲刷线下不应小于1.0 m。

3 路堑挡土墙基底在路肩以下不应小于1.0 m,并低于侧沟砌体底面不小于0.2 m。

9.8.6 挡土墙应每隔2 m～3 m上下左右交错布置向墙外坡度不小于4%的泄水孔。泄水孔应采用管型材料,其进水侧应设置反滤层,反滤层应优先采用土工合成材料、无砂混凝土块或其他新型材料,无砂混凝土块或砂夹卵石反滤层的厚度不应小于0.3 m。在靠近路肩或地面最低排泄水孔的下部,应设置隔水层。

9.8.7 支挡结构物每隔10 m～20 m以及与其他建筑物相连接处,均应设置伸缩缝。在基底地层变化处应设置沉降缝。伸缩缝和沉降缝可合并设置,缝宽宜为2 cm～3 cm。缝内沿支挡结构物的内、外、顶三边填塞沥青麻筋或沥青木板,塞入深度不得小于0.2 m。

9.8.8 需设置照明灯杆、电缆支架和声屏障立柱等设施的路基支挡结构物地段,应预留上述设施的位置或预埋连接件,并保证支挡结构物的完整和稳定。

9.8.9 路肩挡土墙的平面位置,在直线地段应按路基宽度确定,曲线地段宜按折线形布置,并应符合曲线路基加宽的规定。在转折处应设沉降缝。

10 车站建筑

10.1 一般规定

10.1.1 车站的总体布局应符合城市总体规划、城市交通规划、轨道交通线网规划、环境保护、城市景观和节约用地等的要求,在吸引和疏散客流的同时,应妥善处理好与城市交通、地面建筑、地下管线之间的关系,应减少房屋拆迁、管线迁移和施工时对地面建筑物、地面交通及市民的影响。

10.1.2 车站规模和服务设施标准应根据预测客流、周边环境、功能需求、换乘特点等合理确定。高架和地面的建筑结构形式和体量,应与城市景观和周围环境相协调。车站建筑应具备简洁美观、易于识别等交通建筑特点。路侧高架车站应处理好与道路及周边地块的关系,便于乘客疏散。

10.1.3 车站的设计应保证乘客乘降安全、方便,具有较好的遮阳、挡雨及照明等设施。

10.1.4 车站的设计规模应满足初期、近期及远期客流预测量的需要,满足基本功能要求。

10.1.5 车站形式可根据客流量大小、线路条件、站址环境条件因地制宜地选择,宜统一站型。

10.1.6 车站设计应实现乘客上下车流线的合理组织,减少交叉干扰。

10.1.7 车站各部位的最大通过能力应相互匹配。

10.1.8 凡与其他公交、轨道交通换乘的车站,应根据换乘客流量及线路、站址等具体条件选择便捷的换乘方式。

10.1.9 车站建筑的功能应简洁、方便实用,减少车站对周边环境的影响。

10.1.10 车站造型与装修设计应体现城市公共艺术与文化内涵。

10.1.11 车站应易于维护，设备应选用节能型产品，材料宜可循环使用，鼓励采用新型能源。

10.1.12 车站应设置无障碍设施和公共厕所。公共厕所可设置在地面非付费区。无障碍设施应符合现行国家标准《无障碍设计规范》GB 50763 的有关规定。

10.1.13 车站建筑防灾设计应满足现行国家标准《建筑设计防火规范》GB 50016 及其他有关规范、规定的要求。

10.2 车站总体布置

10.2.1 车站总平面设计应根据车站周围的环境条件、城市规划部门对车站布局的要求，以充分吸引客流为目的，因地制宜，合理布置。高架车站不宜骑跨横向道路设置，路中站应靠近路口，出入口不能兼顾过街功能的车站应利用路口斑马线实现过街功能；路侧站(或路中车站的路侧附属用房)宜与街面建筑整合布置。

10.2.2 在满足使用功能的前提下，车站的层数宜少。路侧有用地条件的高架车站应考虑将设备、管理用房集中布置在道路一侧，并与车站出入口合建。

10.2.3 路侧站建筑(或路中车站的路侧附属用房)周围应设置环形消防车道。当设置有困难时，可沿车站(或路侧附属用房)的长边设置。

10.2.4 路侧站建筑(或路中站的路侧附属用房)与周边建筑之间应满足消防、日照等要求。

10.3 车站平面

10.3.1 站台长度和宽度的计算应满足现行国家标准《地铁设计规范》GB 50157 的相关规定。

10.3.2 高架车站除配电间和站台空调候乘室外，其他设备间及管理用房不宜伸入站台计算长度内。特殊情况下，伸入站台计算长度内的设备、管理用房不得侵入侧站台，且与梯口和通道的距离不应小于 8 m。

10.3.3 站厅与站台不同层的车站，厅、台之间应设置不少于 2 组楼（扶）梯。站台上的楼梯和自动扶梯纵向分布宜均匀且应满足消防要求。当车站站台计算长度小于 50 m 时，可将其中一组用于紧急疏散的楼梯布置在站台计算长度外。

10.3.4 站台的地坪装饰面下可不设绝缘层。

10.3.5 站厅至站台的自动扶梯下空间应作防火分隔，设乙级防火门，且不得用作设备用房。

10.3.6 站台层地面应设检修人孔，人孔净尺寸为 700 mm×700 mm，人孔间距不大于 35 m。

10.3.7 站厅公共区布置应满足功能分区要求，减少进、出站客流及换乘客流之间的干扰。

10.3.8 车站公共区应设地漏，排水立管应采用非金属材料并贴墙布置，隐蔽在装修层内。

10.3.9 每个站厅公共区（含每侧厅、台同层公共区）直达地面出入口不应少于 2 处，且出入口间距应大于 10 m。当站台计算长度不大于 50 m，且采用厅、台同层高架站或地面站厅的车站时，在火灾工况下开启的直接通往室外地面的消防用疏散口可作为一个出入口。

10.3.10 售票机前应留有购票乘客的聚集空间。售票处距出入通道口和进站检票处的距离不宜小于 5 m，出站检票口距楼梯口不宜小于 8 m。

10.3.11 安检设施的设置位置应与进站客流方向保持一致,不应造成乘客聚集影响通行能力。

10.3.12 付费区与非付费区的分隔宜采用不低于 1.1 m 的可透视栅栏,并应设置向疏散方向开启的平开栅栏门。

10.3.13 站厅层设备管理用房开向公共区的防火门,所在墙面宜形成凹室,避免开门时对公共区客流造成干扰。

10.3.14 高架车站公共区楼(扶)梯四周均应在下层设挡烟垂壁,当下层楼梯洞口有超过 500 mm 高度的下翻梁且本层无吊顶时,此方向的梁可代替挡烟垂壁。

10.3.15 高架车站公共厕所宜设置在地面层。

10.4 车站剖面

10.4.1 站台公共区地坪装饰层厚度宜控制在 70 mm～100 mm。站厅公共区装饰厚度宜控制在 100 mm～150 mm,当装饰层无管线时,其厚度宜减小。

10.4.2 高架车站宜采用平坡。

10.4.3 地面、高架车站站厅公共区吊顶后净高不宜小于 3.2 m。站台公共区地面装饰面至风雨棚底面净高不应小于 2.6 m。

10.4.4 变电所宜设置在地面层,变电所电缆夹层梁下净高不应小于 1.6 m。设置在地下或半地下的电缆夹层,应设置直通室外的疏散楼梯。

10.4.5 高架车站及附属用房的建筑高度不宜超过 24 m。

10.5 车站出入口及附属建筑

10.5.1 车站出入口数量和宽度,应根据分向客流和疏散要求设置,并满足本标准第 10.3.9 条的规定。

10.5.2 车站出入口布置应与主客流的方向一致,宜与过街天桥、公共建筑物相结合或连通。如兼顾过街功能,其通过能力及其站厅相应部位应计入过街客流量。

10.5.3 设于道路两侧的出入口宜平行或垂直于道路红线,且距离道路红线不宜小于 3 m。当出入口开向城市主干道时,应设集散广场,广场进深不宜小于出入口宽度。

10.5.4 当车站设置附属建筑时,公共厕所、无障碍电梯、便民服务等设施应结合附属建筑布置,不再设置于车站主体或独立出入口处。

10.5.5 车站附属建筑高度不宜超过车站主体雨棚高度。

10.5.6 当车站出入口合建在附属建筑内部时,出入口防盗卷帘应设置在地面层;当车站出入口独立设置时,防盗卷帘可设置在地面层或站厅层。

10.6 连廊及天桥

10.6.1 高架路中车站应在附属建筑、出入口和车站主体之间设置连廊或天桥。连廊和天桥的设置应符合城市规划、环保、消防和景观要求。

10.6.2 连廊及天桥与地面道路之间的净高必须满足所跨道路的净空要求,并留有不小于 100 mm 的余量。连廊及天桥的桥面宽度不应小于 4 m,如在桥面布置售检票机等设施时,宽度不应小于 8 m。连廊和天桥宜设置雨棚,应满足自然通风、采光、防飘雨等要求。

10.7 人行楼梯、自动扶梯、电梯和站台门

10.7.1 乘客使用的人行楼梯宜采用 26°34′倾角。单向通行宽度不应小于 1.8 m,双向通行不应小于 2.4 m。当宽度大于 3.6 m

时，应设置中间扶手。楼梯宽度宜符合建筑模数。每个梯段不应超过18步，休息平台长度宜为1.2 m～1.8 m。

10.7.2 车站出入口、站台至站厅应设上行自动扶梯，并至少有1处设下行自动扶梯。

10.7.3 自动扶梯宜采用30°倾角，有效净宽度1 m，运输速度采用0.65 m/s。条件困难地段，也可采用0.65 m宽、运输速度0.65 m/s的自动扶梯。

10.7.4 当站厅至地面的上下行楼（扶）梯均采用自动扶梯时，应增设人行楼梯。当采用自动扶梯均能满足各自输送能力时，可采用宽1.2 m、倾角30°的人行楼梯或备用自动扶梯替代增设的人行楼梯。当站台至站厅仅设1组上下行自动扶梯时，应考虑其中一台自动扶梯故障停运时，保证站台最不利点到另一组楼（扶）梯的距离不超过50 m。

10.7.5 自动扶梯穿越楼层，且扶手带中心至开孔边沿的净距小于400 mm时，应设防撞安全标志。

10.7.6 两台相对布置的自动扶梯工作点间距不应小于16 m。自动扶梯工作点至影响通行的障碍物间距不应小于8 m，自动扶梯与人行楼梯相对布置时，自动扶梯工作点至楼梯第一级踏步的间距不应小于12 m。

10.7.7 电梯井内不应有与电梯无关的管线和孔洞。

10.7.8 站厅至站台电梯宜设于付费区内，有效站台长度小于50 m的车站，站厅至站台电梯宜设于站台层一端。当有效站台范围内布置条件困难时，电梯可设置在有效站台外。

10.7.9 站台门的布置应以列车停车位作为基准。滑动门应与列车门对应，滑动门的开启净宽度不应小于列车门宽度加停车误差，门的开口中心应与列车停车后车门中心重合。

10.7.10 站台门管理室宜设在站厅层。侧式车站应设1处管理室。

10.8 无障碍设施

10.8.1 车站无障碍设施包括无障碍电梯、轮椅升降台、斜坡道、导盲带、厕所等。地面车站宜采用斜坡道,地下及高架车站无特殊情况应采用电梯,并应符合现行国家标准《无障碍设计规范》GB 50763 的有关规定。

10.8.2 站厅至站台无障碍电梯宜设于付费区内,检票口应满足无障碍通行需要。无障碍电梯应兼顾老、弱、病、孕和其他乘客的使用。

10.8.3 无障碍电梯宜靠近车站出入口设置,有地面附属建筑的车站宜与附属建筑合建,与地面呈斜坡道相衔接,其坡度不应大于 1∶12。

10.8.4 设置在路中的高架车站宜在道路两侧分别设置无障碍电梯。

10.8.5 导盲带的铺设应能到达车站内所有无障碍设施,当盲带平行于墙(柱)铺设时,其盲带中心至墙(柱)边距离不应小于 450 mm。

10.8.6 车站内的无障碍通道应与城市无障碍通道衔接。

10.8.7 车站公共厕所内应设置独立的无障碍厕所。

10.9 车站换乘

10.9.1 换乘设施的通过能力应满足预测的远期换乘客流量的需要。

10.9.2 车站换乘应优先采用便捷的付费区内换乘。

10.9.3 换乘车站的换乘通道及换乘楼(扶)梯应设防火隔断措施,且不能作为安全疏散口。

10.9.4 换乘站同步实施时,车站内的管理、设施等资源应共享或预留共享空间,设备用房宜独立设置。不同步实施的换乘节点,宜预留换乘通道接口。

10.10 车站环境设计

10.10.1 车站环境设计应简洁、大方,易于识别,体现现代交通建筑特点。装饰构件设计宜标准化、工厂化、施工装配化,体现线路特色,兼顾车站的地域性特征。

10.10.2 车站设计应因地制宜,减小体量,具有良好的通透性。

10.10.3 应采用防火、防潮、防腐、无毒、耐久、易清洁且放射性指标满足国家标准规定的环保装修材料,装饰制品宜标准化和工厂化,便于施工且满足平时清洁维修的要求,宜兼顾吸声效果;地面和楼梯踏步材料应防滑耐磨。

10.10.4 装修材料应符合现行国家标准《建筑内部装修设计防火规范》GB 50222 的要求。

10.10.5 照明灯具应节能、耐久,宜采用深罩明露式,便于更换、清洁和保养;采用半敞开式风雨棚的地面、高架站,应选用防潮、防尘、抗风的灯具。

10.10.6 有噪声源的房间,应采取隔声、吸声措施,采用隔声门;当有防火要求时,应采用防火隔声门。

10.10.7 车站公共区外围护、楼梯梯段及楼(扶)梯洞口栏杆高度不应低于 1.2 m。

10.10.8 无障碍电梯外立面应考虑隔热措施,不宜采用全玻璃幕墙。

10.10.9 车站公共区内可设置广告,位置和色彩不得干扰导向、事故疏散和服务乘客的标志。

10.10.10 当公共区采用漏空吊顶、无吊顶明露式时,其顶板混凝土面宜喷涂深色涂料。顶板下的电缆应设槽板,各类管道应排列有序,管道宜贴近顶板,外包物颜色宜与顶板颜色统一。

10.10.11 各种导向、事故疏散、服务乘客标志的设计应符合现行国家标准《城市轨道交通客运服务标志》GB/T 18574 的相关规定。

10.11 建筑节能

10.11.1 地上车站应采用自然通风和天然采光。站台层应设置空调候车室。

10.11.2 地上车站的站厅公共区和设备与管理用房,其建筑围护结构热工设计应符合现行国家标准《公共建筑节能设计标准》GB 50189 的相关规定。

10.11.3 地上车站站台、出入口等顶棚应采取隔热措施。

10.12 车站最小高度、最小宽度

10.12.1 车站各部位的最小高度应符合表 10.12.1 的规定。

表 10.12.1 车站各部位的最小高度(m)

名称	最小高度
有吊顶的站厅公共区(地坪装饰面至吊顶底)	3.0
无吊顶的站厅公共区(地坪装饰面至梁底)	2.6
地面、高架车站站台公共区(地坪装饰面至风雨棚)	2.6
站台、站厅管理用房(地坪装饰面至吊顶面)	2.4
连廊或天桥(地坪装饰面至吊顶面或风雨棚)	2.5
人形楼梯和自动扶梯(踏步面沿口至吊顶面)	2.3

10.12.2 车站各部位的最小宽度应符合表 10.12.2 的规定。

表 10.12.2 车站各部位的最小宽度(m)

名称	最小宽度
岛式站台	8.0
岛式站台的侧站台	2.5
侧式站台(长向范围内设梯)的侧站台	2.5
侧式站台(垂直于侧站台开天桥口设梯)的侧站台	3.5
连廊或天桥	4.0
单向公共区人行楼梯	1.8
双向公共区人行楼梯	2.4
与上、下行均设自动扶梯并列设置的人行楼梯	1.2
消防专用楼梯、疏散楼梯	1.2
站台至轨道面的楼梯	1.1

10.13 管线综合

10.13.1 车站管线综合应统筹设备专业管线,结合建筑装修,充分利用既有的结构空间,各管线之间应有足够的安装、检修空间。

10.13.2 车站站厅、站台公共区吊顶内的管线宜平行布置,减少交叉。

10.13.3 各类水管不得穿越变(配)电室及弱电设备用房。条件困难无法避免时,水管宜沿离壁式内墙上方布置,且不得在上述房间内设置阀门和接头。

10.13.4 除空调通风的末端支管允许进入车站消防控制室和气瓶间外,其他与之无关的各类管线和风管不得穿越。

10.13.5 设备运输路径上方管线布置应满足设备运输的空间要求;当无法满足时,则通道上方的风管两端宜做法兰相接。

10.13.6 自动扶梯上方应预埋吊装设施。

10.13.7 公共区内梁下净空小于 3 m 时,顶部管线可考虑结合结构梁预留埋管,布置于顶部结构梁下翻区间范围内。

10.13.8 设备管理区通道内的管线净高不应小于2.6m,通道宽度应满足管线布置需要。

10.13.9 公共区采用无吊顶装饰时,顶板应涂深色,各类管线应排列有序,电缆电线下方应设槽板,管道外包物以深色为宜。重要管线应分类设置色环和标识。

10.13.10 各类管线交叉时,从上至下的布置顺序应为空调通风管→动力照明电缆→弱电电缆→水管。

10.14 区间建筑

10.14.1 高架区间应设置纵向疏散平台,并与车站站台相连接。

10.14.2 纵向疏散平台尺寸应符合本标准第6.2.5条的规定。当平台中部设置有通信、信号设备或天线时,平台单边宽度不应小于0.6m。

10.14.3 疏散平台的耐火极限不应低于1.00h。

11 高架区间结构

11.1 一般规定

11.1.1 本章适用于跨径不大于 150 m 的梁式桥跨结构、高架车站中轨道梁、支承轨道梁的横梁、支承横梁的柱等构件及柱下基础的结构设计。

11.1.2 高架区间主体结构设计使用年限应为 100 年。

11.1.3 高架区间结构在制造、运输、安装和使用过程中应具有足够的强度、刚度和稳定性,并应满足使用耐久性要求。

11.1.4 高架区间桥梁的墩位布置应符合城市规划要求,跨越铁路、公路、城市道路及河流时,桥梁孔径及桥下净空应符合现行行业标准《城市桥梁设计规范》CJJ 11 的规定。

11.1.5 桥梁设计应按百年一遇洪水频率标准进行设计,对特别重要的桥梁可提高至三百年一遇。

11.1.6 高架区间宜采用混凝土结构,并宜采用预制架设、预制拼装等装配式结构。

11.1.7 高架区间梁式桥跨结构在列车活载(计入列车竖向动力作用)作用下的最大竖向挠度不应超过 $L/800$(区间)和 $L/1\,000$(车站),L 为简支梁或连续梁检算跨的跨度。

11.1.8 高架区间桥跨结构第一自振频率和车辆第一自振频率宜满足最小差值为 1.0 Hz。

11.1.9 墩台顶的弹性水平位移 Δ 应符合下列公式:

$$顺桥向:\Delta \leqslant 5L^{1/2}\,\text{mm} \quad (11.1.9\text{-}1)$$

$$横桥向:\Delta \leqslant 4L^{1/2}\,\text{mm} \quad (11.1.9\text{-}2)$$

式中：L——桥梁跨度(m)（当为不等跨时，采用相邻跨中的较小跨度；当 $L<25$ m 时，L 按 25 m 计）；

Δ——桥墩台顶面处顺桥或横桥向水平位移(mm)，包括由于墩台身和基础的弹性变形及地基弹性变形的影响。

11.1.10 导向轨施工完成后，预应力混凝土梁的徐变拱度或挠度不宜大于 10 mm 或 L(跨径)/1 500。

11.1.11 墩台基础总沉降量与相邻墩台沉降量之差，应符合下列规定：

1 相邻墩台沉降差为 10 mm。

2 对于外部超静定结构，应考虑相邻墩台沉降量差对结构产生的附加影响。

3 沉降计算时应按恒载计算。

11.2 设计荷载

11.2.1 除设计活载根据采用的车辆参数取值外，其余荷载分类和取值应按照现行国家标准《地铁设计规范》GB 50157 的规定执行。

11.2.2 列车活载应符合下列规定：

1 可按照车辆的尺寸及技术指标，车辆活载按所采用的编组进行加载，最大、最小轴重可按每节车长任意排列组合。

2 列车荷载按列车编组数连续加载，在正符号影响线区段加载时取满载重，在异符号影响线区段加载时取空载重。

3 列车静活载在桥台后破坏棱体上引起的侧向土压力，应按列车静活载换算为当量均布土层厚度计算。

11.2.3 当列车竖向活载包括列车竖向动力作用时，该列车竖向活载等于列车竖向静活载乘以动力系数 $(1+\mu)$，其动力系数应按下式计算：

$$1+\mu=1+50/(3.0L+125)\leqslant 1.3 \qquad (11.2.3)$$

式中：L——桥梁单孔跨径(m)。

支座动力系数计算公式与相应桥跨结构计算公式相同，桥墩基础不计列车竖向动力作用。

11.2.4 桥梁在曲线上时，应考虑列车产生的离心力，离心力作用于轨顶以上1.8 m处，其大小等于列车竖向静活载乘以离心率C。C值应按下式计算：

$$C=v^2/127R \qquad (11.2.4)$$

式中：v——设计行车速度(km/h)；
  R——曲线半径(m)。

11.2.5 制动力或牵引力应符合下列规定：

1 单线桥梁制动力或牵引力应按列车竖向静荷载的15%计算；但当离心力或列车竖向动力作用同时计算时，制动力或牵引力应按列车竖向静活载的10%计算。

2 区间双线桥应采用一线的制动力或牵引力。

3 三线或三线以上的桥应采用两线的制动力或牵引力。

4 高架车站及车站相邻两侧100 m范围内的区间双线桥应计两线制动力或牵引力，每线制动力或牵引力作用在车辆重心，但计算桥墩台时移至支座中心处，计算刚架结构时移至横杆中线处，均不计移动作用点所产生的竖向力和力矩。

11.2.6 列车横向摇摆力T_s以水平力形式作用于导向轨高度(0 mm～127 mm)范围内，方向与导轨轴线垂直。列车横向摇摆力与车辆技术标准有关，可采用表11.2.6中数值。

表11.2.6 列车横向摇摆力T_s值

R值(m)	T_s值(kN)
$R \geqslant 730$	14.23
$152 \leqslant R \leqslant 610$	33.81
$R \leqslant 30.5$	72.96

注：R数值介于上述规定范围内时，线性内插计算。

11.3 结构设计

11.3.1 高架区间的钢筋混凝土结构、预应力混凝土结构和钢结构,应按照现行铁路桥涵设计规范设计。材料、容许应力、结构安全系数、结构计算方法、构造要求及混凝土徐变影响等应符合现行行业标准《铁路桥涵混凝土结构设计规范》TB 10092、《铁路桥梁钢结构设计规范》TB 10091、《铁路桥涵地基和基础设计规范》TB 10093 的规定。

11.3.2 车站结构中直接承受列车荷载的轨道梁及其支承结构设计同高架区间结构。对"建桥合一"车站,尚应满足有关建筑结构设计规范的要求。

11.3.3 高架区间结构在三级地震动水准下的抗震设防目标及分析方法应按现行国家标准《城市轨道交通结构抗震设计规范》GB 50909 的相关规定执行。

11.3.4 对横向三柱及以上框架结构高架车站中直接承受列车荷载的轨道梁及其支承结构,应同时满足区间桥梁结构有关规范及现行国家标准《建筑抗震设计规范》GB 50011 的规定。

11.4 附属结构设计

11.4.1 运行道应与桥梁结构结合良好,桥面应铺设密闭有效的防水层。

11.4.2 区间桥梁应设置性能良好的排水系统,排水设施应便于检查、维修与更换。

11.4.3 桥梁支座宜采用球型钢支座或盆式橡胶支座。

11.4.4 高架区间的相邻梁端连接处应设置伸缩缝,并与运行道的伸缩缝要求相匹配,桥梁伸缩缝除保证梁部自由伸缩、转动外,还应有效防止桥面水渗漏。

11.4.5 墩台顶面应预留更换支座时顶梁的位置,并应设置排水坡。

11.4.6 区间应设置应急疏散平台,临空侧应设置栏杆扶手。

12 供　电

12.1　一般规定

12.1.1　供电系统应包括外部电源、主变电所（或开闭所）、中压网络、牵引供电系统、动力照明供电系统和电力监控系统。牵引供电系统应包括牵引变电所与接触轨，动力照明供电系统应包括降压变电所与动力照明配电系统。

12.1.2　外部电源方案应根据项目所在地的供电现状和规划进行设计，可采用集中式供电、分散式供电或混合式供电。

12.1.3　供电设计应根据建设程序，从可行性研究阶段开始，会同城市电力部门协商确定下列内容：

　　1　外部电源方案及主变电所设置。
　　2　供电系统的一次接线方案。
　　3　近、远期外部电源容量及电压偏差范围。
　　4　电能计量要求。
　　5　城市电网近、远期的规划资料及系统参数。
　　6　城市电网变电所馈出线继电保护与供电系统进线继电保护的设置和时限配合。
　　7　调度的要求及管理分工。

12.1.4　牵引用电负荷应为一级负荷；动力照明系统用电负荷应按其供电可靠性要求及失电影响程度分为一级负荷、二级负荷和三级负荷。

12.1.5　一级负荷必须采用双电源双回路供电；当一回电源故障时，另一回电源不应同时受到损坏。一级负荷中特别重要的负荷，应增设应急电源，并严禁其他负荷接入。

12.1.6 二级负荷宜采用双电源单回路专线供电。

12.1.7 三级负荷可采用单电源单回路供电。当发生供电系统容量不足时,可切除该负荷。

12.1.8 下列电源可作为应急电源:

 1 蓄电池。
 2 供电网络中独立于正常电源的专用馈电线路。
 3 独立于正常电源的发电机组。

12.1.9 供电系统中的各种变电所应有2个独立可靠的进线电源,每个电源的容量应满足变电所承担的全部一、二级负荷的要求。这两个电源可来自不同变电所,也可来自同一变电所的不同母线。

12.1.10 主变电所两路进线电源应至少有1个为专线电源。

12.1.11 中压网络的电压等级应根据用电容量、供电距离、城市电网现状及规划等因素,经技术经济综合比较确定。对于延伸线,中压网络的电压等级宜与原线路相一致。

12.1.12 供电系统容量应按线路远期通过能力设计,两回电源互为备用,一回退出运行时,另一回应承担其一、二级负荷的用电,中压网络线路末端电压损失不宜超过5%。主变压器的容量应根据近、远期负荷计算确定,宜分期实施。

12.1.13 牵引网的电压等级、馈电形式及牵引网制式应结合车辆受电要求、牵引负荷容量、列车运行最高速度、线网及城市特点等因素综合分析确定。

12.1.14 直流牵引系统及其他用电设备所产生的谐波应符合现行国家标准《电能质量 公用电网谐波》GB/T 14549的规定,低压配电系统宜采取谐波治理措施。

12.1.15 供电系统的电气设备应选用质量可靠、技术先进、经济、节能的成套设备和定型产品,应向小型化、无油化、自动化、免维护或少维护方向发展。

12.1.16 地下线使用的电气设备及材料,应选用防潮、低烟、无卤、阻燃或耐火产品。

12.2 变电所

12.2.1 变电所可分为主变电所、开闭所、牵引变电所、降压变电所。牵引变电所与降压变电所可合建成牵引降压混合变电所。

12.2.2 变电所选址应符合下列规定：

　　1 应接近负荷中心。

　　2 应便于电缆线路引入、引出。

　　3 应便于设备运输。

　　4 不应设在厕所、泵房或其他经常积水场所的正下方，也不宜与上述场所相贴邻。

　　5 独立设置的变电所应靠近轨道交通线路，与周围环境、邻近设施及对噪声敏感建筑相互协调。变电所至轨道交通线应设置专用的电缆通道。

12.2.3 变电所建筑物的设计应符合下列规定：

　　1 车站设有牵引变电所时，宜与车站降压变电所合建为混合变电所。变电所内温湿度和通风降温要求应符合现行上海市工程建设规范《城市轨道交通设计规范》DG/TJ 08—109 的要求。

　　2 变电所宜设置火灾检测报警装置，地下变电所应设置气体灭火系统。

　　3 变压器室、配电室、控制室的门应向外开启，相邻配电室之间有门时，此门应能双向开启或向低压配电室开启。

　　4 地面变电所的配电室、控制室宜装设不开启的采光窗，窗台距室外地坪不宜低于 1.8 m。

　　5 变压器室、配电室、控制室等应设置防止雨、雪和鼠类小动物从采光窗、门、电缆沟等进入室内的设施。

　　6 长度超过 7 m 的配电装置室应设 2 个出口，并宜布置在房间的两端。

7 变电所的电缆夹层、电缆沟、电缆通道应采取防水排水措施。

8 变电所内配电装置及裸露导体上方不应布置灯具和明敷线路。配电室、变压器室、控制室内不应有无关管道和电缆通过。

12.2.4 配电装置室内布置的通道应符合下列规定：

1 当成排布置的配电装置长度超过 6 m 时，配电装置后面的通道应设 2 个出口，并宜布置在通道的两端；当两个出口间的距离超过 15 m 时，尚应增加出口。

2 通道宽度应满足运输部件的需要。

3 配电装置室内各种通道的最小宽度（净距）应符合表 12.2.4 的规定。

表 12.2.4 配电装置室内各种通道的最小宽度(mm)

布置方式	通道种类		
	维护通道	操作通道	
		固定式	抽出式
单排布置	1 000	1 500	1 800
双排面对面布置	1 000	2 000	2 300

注：1 通道宽度在建筑物的墙柱突出处，可缩小 200 mm。
   2 采用 40.5 kV 开关柜时，柜后通道不宜小于 1 000 mm。

12.2.5 直流牵引供电系统应为不接地系统，牵引变电所中的直流牵引供电设备柜体应保持整体等电位，并应保证操作安全。

12.2.6 牵引变电所和降压变电所的接地应符合下列规定：

1 供电系统中的电气装置、设施中不带电的外露可导电部分，除有特殊规定外，均应接地。

2 不同用途和不同电压的电力设备，除另有规定外，应与弱电设备使用一个总的接地体，接地电阻不应大于 0.5 Ω。

3 变电所的接地装置应利用自然接地体，35 kV 及以上变电所还应敷设人工接地网。自然接地体和人工接地网之间应采用不少于 2 根导体在不同地点相连接。自然接地体与人工接地网的电阻值应能分别测量。

12.2.7 牵引变电所的设计应符合下列规定：

1 牵引变电所的容量和数量应按远期最大高峰小时列车通过能力、馈电质量、变电所运行方式等因素确定。根据近、远期负荷的不同，可分期实施。

2 牵引变电所主接线要求：

1) 牵引变电所应设置 2 套整流机组；
2) 主接线应可靠、灵活、力求简单；
3) 直流牵引供电母线应采用单母线；
4) 牵引变电所应设置防止大气过电压和操作过电压的装置；
5) 牵引变电所（包括所内用电）供电效率不应低于 96%。

3 牵引变电所整流机组要求：

1) 整流机组的负荷等级应符合下列要求：
  100%额定输出，连续；
  150%额定输出，2 h；
  300%额定输出，1 min。
2) 供电设备的技术参数应满足最大运行方式和过负荷的要求，并能承受系统短路电流的动稳定和热稳定的要求。
3) 牵引变压器宜采用干式变压器，整流机组的冷却方式应采用自冷式。

4 牵引变电所馈线直流快速断路器基本要求：

1) 直流馈电接触轨保护应由馈线直流快速断路器实现；
2) 向接触轨馈电的直流快速断路器应能分断可能出现的最大短路电流和感性小电流。

5 牵引变电所继电保护要求：

1) 牵引整流机组的过负荷及短路故障，应由牵引变压器一次侧交流高压断路器实施保护，且整流二极管及快

速熔断器不应受到损坏;

2) 牵引整流机组保护应包括电流速断、过电流、零序电流、过负荷、整流变压器温度、整流器内部保护;

3) 整流器应设整流二极管快速熔断器保护,并设置直流母线、整流二极管过热监测、整流二极管故障监测装置;

4) 整流器应设交、直流过电压限制装置;

5) 直流进线宜为直流快速断路器,并设置逆流保护;

6) 直流馈线应设本体大电流、电流速断保护、定时限过流保护、电流增量(ΔI)保护、电流上升率(di/dt)保护、接触轨过热保护以及双边联跳保护。

12.2.8 主变电所、降压变电所及用电设计应符合现行上海市工程建设规范《城市轨道交通设计规范》DG/TJ 08—109 的要求。

12.3 接触轨

12.3.1 接触轨由供电轨和接地轨组成。当采用直流供电时,正极供电轨和负极供电轨应满足车辆持续可靠的受流要求,应分别通过上网电缆和回流电缆与牵引变电所连接。

12.3.2 供电轨与集电靴之间应具有良好授流性能,满足列车最高运行速度的要求。

12.3.3 供电轨导体总截面应满足持续电流及远期高峰小时牵引负荷要求。上网电缆、回流电缆的截面应按照大双边等供电方式下远期负荷计算确定。

12.3.4 除与车辆有相互作用的设备外,接触轨在任何情况下不得侵入设备限界,以确保行车安全。

12.3.5 接触轨的安装位置及安装误差应满足车辆集电靴与接触轨相对运动中二者可靠接触的要求。

12.3.6 供电轨应设绝缘防护罩,防止人员意外接触带电体。绝缘防护罩应表面平滑、坚固,具有耐火、自熄、抗紫外线的性能,并应满足相关的电气性能与物理性能要求。

12.3.7 接触轨系统设计应适应所在地区的气象条件,地下段的气温取值应根据环境条件确定,其余应符合现行行业标准《城市轨道交通接触轨供电系统技术规范》CJJ/T 198 的相关规定。

12.3.8 接触轨零部件设计强度安全系数应符合下列规定:

 1 抗拉、抗压强度安全系数不应小于3.0。

 2 抗滑强度安全系数不应小于1.5。

 3 不应低于现行行业标准《城市轨道交通接触轨供电系统技术规范》CJJ/T 198 的相关规定。

12.3.9 接触轨带电体部分与混凝土结构体、轨旁设备、车体之间的最小净距应符合表 12.3.9 的规定。

表 12.3.9 接触轨带电体部分与混凝土结构体、轨旁设备、车体之间的最小净距(mm)

标称电压(V)	静态	动态	绝对最小动态
750	25	25	25

12.3.10 接触轨支架的间距应根据支架结构形式、导向轨结构形式、自重、短路电动力、集电靴接触压力等因素确定。

12.3.11 供电轨、接地轨的锚段长度,应根据环境温度、载流温升、材料线胀系数、膨胀补偿元件的补偿量、线路条件等因素确定。

12.3.12 供电轨、接地轨应分别设置膨胀补偿元件,特殊情况可采用断口等其他形式。

12.3.13 供电轨、接地轨的接头、电连接等部件的安装位置应不妨碍供电轨、接地轨热胀冷缩时沿线路方向的自由伸缩。

12.3.14 接触轨的电分段应设在下列位置:

 1 配线与正线的衔接处。

 2 正线供电分段断口处。

3 车辆基地各电化车库入口处。

12.3.15 接地轨应满足车辆连续可靠接地的要求。接地轨应通过与导向轨连接实现集中接地，导向轨应电气贯通并接至牵引变电所接地装置。

12.3.16 固定支持接触轨的非带电金属体，以及接触轨设备底座，应通过接地轨或单独设接地极实现安全接地。地上区段的接地轨应每隔 200 m 设置人工接地极，其接地电阻不应大于 5 Ω。

12.4 电线电缆

12.4.1 电力电缆应符合下列规定：
  1 地下线路应采用无卤、低烟、阻燃铜芯电线和电缆。
  2 地上线路可采用低卤、低烟、阻燃铜芯电线和电缆。

12.4.2 用于地面及高架区段敷设的电缆宜具有防紫外线的性能。

12.4.3 火灾时仍需保证供电的配电线路应采用矿物绝缘铜芯电缆或耐火铜芯电缆。

12.4.4 中压电缆的中间接头不应设在车站站台板下。

12.4.5 电缆在区间及车站内敷设时，各相关尺寸及电缆相互间距应符合现行上海市工程建设规范《城市轨道交通设计规范》DG/TJ 08—109 的要求。

12.4.6 35 kV 或 10 kV 交流单相电力电缆的金属护层应直接接地，且在金属护层上任一点非接地处的正常感应电压应符合以下规定：未采取能有效防止人员任意接触金属护层的安全措施时，不得大于 50 V；除上述情况外，不得大于 300 V。

12.5 动力与照明

12.5.1 用电设备负荷分级应满足下列要求：
  1 一级负荷：火灾自动报警系统、消防水泵、防排烟风机及相关风阀、防火卷帘、消防疏散用自动扶梯、应急照明、废水泵、雨水泵、防淹门、通信系统、信号系统、综合监控系统、电力监控系统、环境与设备监控系统、门禁系统、安防设施、自动售检票系统、屏蔽门(安全门)、变电所操作电源、地下车站公共区照明、地下车站及区间隧道的应急照明等。

其中，火灾自动报警系统、环境与设备监控系统、综合监控系统、专用通信系统、信号系统、变电所操作电源和地下车站及区间隧道的应急照明用电负荷为特别重要负荷。

2 二级负荷：乘客信息系统、地上车站公共区及区间照明、附属房间照明、出入口及风井排水泵、非消防疏散用的自动扶梯、普通风机、重要电气设备用房的空调机、电梯、污水泵等。

3 三级负荷：区间检修、附属房间电源插座、空调制冷及水系统设备、广告照明、清洁机械、电热设备等。

其余供电负荷按重要、较重要和停电后不影响轨道交通正常运行原则，分别列入一、二、三级负荷。

12.5.2 动力照明配电应符合现行上海市工程建设规范《城市轨道交通设计规范》DG/TJ 08—109 的要求。

12.5.3 车站照明应包括一般照明、设备用房和管理用房照明、标志照明、应急照明、出入口照明、广告照明、安全照明等。

12.5.4 地下车站公共区照明电源应分别引自降压变电所的两段母排，实现交叉供电。

12.5.5 车站及地下区间应急照明持续供电时间应满足现行国家标准《建筑设计防火规范》GB 50016 及《城市轨道交通照明》GB/T 16275 等的要求。

12.5.6 照度标准应符合现行国家标准《城市轨道交通照明》GB/T 16275 和《建筑照明设计标准》GB 50034 的有关规定。

12.5.7 应急照明应由应急电源提供专用回路供电，并应按公共区与设备区分回路供电。备用照明和疏散照明不应由同一分支回路供电。

12.5.8 当电气装置采用间接接触防护时,车站、区间、控制中心、车辆基地内的单体建筑等应设置包括建筑物或构筑物结构钢筋在内的总等电位联结和局部等电位连接。

12.5.9 地上车站与区间、控制中心、车辆基地的建筑物及其他户外设施的防雷设计应符合现行国家标准《建筑物防雷设计规范》GB 50057 和《建筑物电子信息系统防雷技术规范》GB 50343 的规定。

12.5.10 动力照明的其他设计要求,应符合现行国家标准《低压配电设计规范》GB 50054、《通用用电设备配电设计规范》GB 50055 和《民用建筑电气设计标准》GB 51348 的规定。

12.6 电力监控

12.6.1 应配置电力监控(PSCADA)系统。电力监控系统的设备选型、容量和功能配置应满足运营管理的需要,并考虑线路延伸、并网的扩展可能。

12.6.2 应根据胶轮路轨系统供电特点、运营要求、通信系统的通道条件确定系统的构成、监控对象和功能要求,应符合现行上海市工程建设规范《城市轨道交通设计规范》DG/TJ 08—109 的要求。

12.6.3 系统应包括主站、子站及传输通道,主站应设在运营调度控制中心内。

12.6.4 电力监控系统的电力调度系统应集成于综合监控系统。

12.6.5 主站的设计应包括主站系统功能、设备配置方案、设备形式和要求、系统容量、信息记录格式及存储方式、人机界面组态等。

12.6.6 子站的设计应确定子站系统功能、设备容量、形式和要求等。

12.6.7 系统传输通道的设计应包括网络结构形式、主/备通道的配置方式、接口形式和性能要求等。

12.6.8 系统的结构方式宜采用 1 对 n 的网络拓扑集中监控方式,即 1 个主站监控、n 个子站的方式。

12.6.9 包括网络、系统服务器、调度工作站及通信通道等在内的主站系统应按照冗余原则配置。

12.6.10 子站设备(远动终端)应具备下列基本功能:

   1 远动控制输出。
   2 现场数据采集(包括数字量、模拟量、脉冲量等)。
   3 远动数据传输。

12.6.11 子站设备(远动终端)的通信规则应对用户完全开放。

12.6.12 远动数据通道宜采用通信系统的数据通道。系统主要技术指标应符合现行上海市工程建设规范《城市轨道交通设计规范》DG/TJ 08—109 的要求。

13 通　信

13.1　一般规定

13.1.1　通信系统应适应运输效率、提高现代化管理水平和传递语音、数据、图像等各种信息的需求，在紧急情况时，应及时为防灾救援和事故处理的指挥提供通信服务。

13.1.2　为适应上海市轨道交通网络化运营、管理的需求，应建立适应于网络化运营的通信系统，实现系统整合、资源共享，为网络级的各职能部门间、各条线路间提供可靠的信息互通、传输和通信手段，为新建线路的接入预留条件。

13.1.3　通信系统总体方案及系统容量应满足线路近期建设规模和远期发展规划的要求。

13.1.4　通信系统宜由传输系统、电话系统、无线通信系统、广播系统、乘客信息系统、时钟系统、信息资源网接入系统、集中告警系统、电源接地系统等构成。

13.1.5　系统设备应具有安全可靠、技术先进、经济合理、组网灵活的特点，符合网络资源共享原则和接口要求，实现信息安全。

13.1.6　系统设备的共用部件和关键部件应冗余，避免单点故障。

13.1.7　系统中各子系统发生故障时，应具有降级使用功能以及重要通道的备用手段。

13.1.8　系统应具备对有线及无线通信调度、控制中心广播等重要语音的录音功能，录音设备的设置宜资源共享。

13.1.9　各子系统应具有完善的网络管理、控制和各设备的自动检测、故障诊断及告警设施，并在控制中心内进行集中监测和维护。

13.1.10 通信系统应采用抗电气干扰强的设备，并采取必要的防护措施。

13.1.11 通信系统工程设计选用的电气装置、电子设备应满足国家现行有关过电压、过电流指标及端口抗扰度实验标准的规定，并应采取防雷措施。

13.1.12 光缆、电缆应采用阻燃、低烟、无卤、防腐蚀的产品，并应具有抗电磁干扰的防护层。地上区间的通信主干电缆、光缆还应具有防雨淋和抗阳光辐射能力。

13.1.13 通信电缆、光缆高架区段宜敷设在高架区间通信槽道内或托板托架上，应与强电电缆分开敷设。光缆与电力电缆同径路敷设时，宜采用非金属加强芯。

13.1.14 沿线敷设的光缆、电缆等管线结构，应选择满足杂散电流腐蚀防护要求的材质、结构设计和施工方法。

13.1.15 敷设光缆不宜设屏蔽地线，但是接头两侧的金属护套及金属加强件应相互绝缘，光缆引入室内应做绝缘处理，并应做光缆终端。

13.1.16 系统及设备应能在下列工作环境下不间断正常运行：
 1 环境温度室内为 0 ℃～50 ℃；室外为－15 ℃～65 ℃。
 2 相对湿度室内 25 ℃时为 30%～75%；室外 35 ℃时为 10%～90%。

13.1.17 防护等级室内不应小于 IP20，室外不应小于 IP65。

13.1.18 设备高度不应大于 2 200 mm（室内），区间内设备严禁超出设备限界，车载设备严禁超出车辆限界。

13.1.19 设备冷却方法可采用自然风冷和强迫风冷。

13.1.20 设备荷载不应大于 $5.5\ kN/m^2$。通信电源室设备不应大于 $10\ kN/m^2$。

13.1.21 各子系统应具有与网络中心时间同步的功能。

13.2 传输系统

13.2.1 应建立以光纤通信为主的通信传输系统,应满足轨道交通通信各子系统和信号、综合监控、电力监控、安防、自动售检票等系统信息传输的要求。

13.2.2 应采用成熟、合理的宽带光数字传输制式解决不同业务的承载需求,传输设备采用的技术体制应满足各系统多业务接入的需求,系统各类接口应符合相应的国际、国家标准。系统容量和端口数量除应满足本工程及延伸线需要外,还应留有30%以上余量。

13.2.3 系统宜利用网同步设备作为同步时钟源,并应采用主从同步方式实现系统同步。

13.2.4 系统主备用光通道应按1+1或1:1设置,分设于上、下行区间侧的光缆中,具有自愈功能,自愈时间应小于50 ms。

13.2.5 干线光缆的光纤应采用单模光纤,光纤宜采用ITU-T G.652建议中的1 310 nm和1 550 nm双窗口单模光纤,在不大于3 km的区间内不应设光接续装置。

13.2.6 干线光缆容量应满足线路对光纤资源的需求,并应结合远期发展预留余量。

13.2.7 光缆网的建设宜根据线网规划和建设需求,统筹规划光缆数量、容量和光缆径路。

13.2.8 系统的各节点应能提供满足各系统需求的接口,并在沿线各节点能灵活分出、插入通路,且使用方便、易于扩展。

13.2.9 系统设备应采用模块化设计,易于扩展,每种接口应是独立模块。

13.2.10 系统关键部件应冗余配置,故障时应能自动切换和重选路径。

13.3 电话系统

13.3.1 系统宜采用公专合一的软交换制式,同时满足轨道交通公务电话和专用电话的需求。

13.3.2 系统宜采用网络级电话汇接交换局和线路级交换局的构架模式,实现线网内电话的统一汇接。

13.3.3 系统公务电话的服务范围应包括控制中心、车站、区间、车辆基地用户,并实现与路网其他线路交换局、市话交换网的连接。

13.3.4 专用电话应为控制中心调度员与各车站(车辆基地)值班员提供电力、防灾环控和维修等调度通信功能以及控制中心调度员、车站值班员与乘客之间应急通话或求助通话的功能,包括调度电话、站内集中电话、紧急电话、乘客求助电话、市内直线电话等。

13.3.5 电话系统应由中心交换设备、车站(车辆基地)交换设备、终端设备、录音装置及网管设备等组成,交换设备宜设置在负荷集中、便于管理的位置。

13.3.6 调度电话系统设置应符合下列要求:

1 根据运营组织和业务管理、指挥的需要,应为电力调度、防灾调度、乘客调度等设置调度台。

2 调度电话系统功能设置应符合下列要求:

    1) 控制中心的调度台与各车站的值班员之间构成直接通话;

    2) 控制中心的调度台对分机应具有选呼、组呼、全呼功能;

    3) 控制中心的调度台可与任意多个分机用户通话,并可随时加入和拆除分机用户;

    4) 分机用户可对调度台进行一般呼叫和紧急呼叫,各分机之间不得直接呼叫通话；

    5）多个分机用户同时呼叫控制中心调度台时，在其调度台上应按顺序显示呼叫分机用户号码，并区别是一般呼叫还是紧急呼叫；

    6）调度会议电话应具有最高优先级，调度台可组织各个分机用户进行会议电话；

    7）调度台、分机用户之间的通话在控制中心应有手动/自动录音功能；

    8）本系统的录音设备宜为其他通信子系统提供录音，构成通信系统的集中录音。

3 调度电话应采用辐射连接方式。

4 调度分机设置应符合下列要求：

    1）各主变电所、牵引变电所、降压变电所等处设电调分机；

    2）各车站、车辆基地的消防值班室设防灾调度分机。

13.3.7 站内集中电话的设置应符合下列要求：

1 站内集中电话主要用于站内分机与车站消防控制室构成直接通话及分机之间的通话。

2 站内集中电话不应单独设置系统。

13.3.8 紧急电话的设置应符合下列要求：

1 紧急电话在紧急状态下供乘客或车站工作人员使用，每部紧急电话机应与控制中心调度台设置成热线。

2 侧式车站的每侧站台宜设2部紧急电话。

3 紧急电话应与视频监控系统联动。

13.3.9 乘客求助电话的设置应符合下列要求：

1 每部乘客求助电话应与车站或控制中心值班员构成直接通话。

2 各车站的电梯内、自动售票机和进出站闸机附近宜设置乘客求助电话。

3 求助电话应与视频监控系统联动。

13.3.10 市内直线电话的设置应符合下列要求：

1 控制中心环调至地区消防队应设置直通录音电话。

2 控制中心电调至地区供电部门应设置直通录音电话。

3 主变电所至地区供电局之间应设置直通录音电话。

4 消防控制室、站长室和公安值班室宜各设置1部市内直线电话。

5 各处的市内直线电话宜从就近市话局引入。

13.3.11 通信系统可根据运营需求设置区间电话，供区间维修人员和应急抢险人员与控制中心值班员联系。一般区间，宜每隔150 m～200 m设置区间电话。

13.3.12 系统应为轨道公安提供公安热线电话功能，热线电话总机设在轨道公安分局，分机设在线路OCC、COCC、车站和车辆基地的安防值班室、公安分控中心、综合执法站等，热线电话应能实现轨道公安分局总机与相关电话分机之间的单键直接呼叫、热线通话和电话会议功能。

13.3.13 线路电话交换局应连接至网络级汇接电话交换局。

13.3.14 线路电话交换机容量的确定应符合下列规定：

1 近期容量应按实装容量与近期发展容量之和再计入30%的备用量进行计算。

2 远期容量应为近期容量的180%～200%。

13.3.15 线路交换局应通过网络级汇接局统一出、入中继，全自动呼出DOD1，呼入宜采用部分全自动直拨DID、部分半自动接续BID(人工/自动话务员)的混合进网中继方式。

13.3.16 线路电话交换局中继接口应支持中国1号信令和7号信令，并与汇接局信令一致或兼容。

13.3.17 电话系统计费管理系统应由网络级汇接局统一设置。

13.3.18 网内任一用户至市话局交换机之间的用户线衰耗不应大于7.0 dB。

13.3.19 线路电话交换局至全线各处用户应通过数字传输网络传输。

13.3.20 电话系统应采用主从同步方式,提取市话局送来的定时信号,接受同步控制。

13.3.21 电话系统应符合下列基本要求:

 1 电话交换设备应符合市话通信网的进网条件及技术要求。

 2 与既有系统组网时,不应对既有系统的主要功能造成影响。

 3 应具备扩容或扩网功能。

 4 与时钟系统应有接口。

 5 网络级汇接局应能限制用户对市内、国内、国际长途直拨呼出,对有权用户市话、长话进行统一计费。

 6 对特种业务呼叫应能自动转接到市话网的"119""110""120",并可进行电话跟踪。

 7 应具有会议电话功能,且能召集不少于1+20方电话会议。

 8 具有数字用户接口;宜具备与2B+D、30B+D、H.323、SIP等互通功能;当实现多媒体、信息业务通信时,宜支持通过API提供的第三方业务应用的开发。与无线通信系统的接口,宜由线网汇接局实现。

 9 具有识别用户数据的能力,能提供用户传真、视频会议等非话业务,并能保证这类业务的接续不被其他呼叫插入或中断。

 10 应具有系统和用户数据管理、硬件和软件故障诊断、故障显示告警及话务统计的功能。

 11 应有热线服务、延时热线服务、呼叫限制、转移呼叫、遇忙回叫、无应答转移、呼叫等待、缩位拨号、用户会议电话、免打扰服务、追查恶意呼叫等的服务功能;如采用软交换制式,还应具有多媒体服务功能。

13.4 无线通信系统

13.4.1 系统应提供控制中心调度员、车辆基地值班员、车站值班员等固定用户与防灾、维修、巡查等移动用户之间的通信手段。

13.4.2 系统的组网应满足轨道交通无线网络规划的总体要求，基站设置应符合频率规划的要求。

13.4.3 系统宜采用多线共享交换机，交换机宜采用异地热备方式，各线路基站、调度台应通过双路由方式接入主、备交换机。

13.4.4 线网无线通信系统应能与上海市应急联动政府共用无线网和上海市公安无线网互联。

13.4.5 根据线路运营组织、业务管理和防灾抢险指挥的需要，系统宜设置事故及防灾调度、车辆基地管理调度及综合维修调度等用户群。

13.4.6 系统应具有下列功能：

    1 通话功能，包括单呼、组呼、全呼、紧急呼叫等。

    2 数据功能，包括短数据、分组数据等。

    3 调度相关功能，包括强插/强拆、多选、动态重组、调度监听、优先级设置及呼叫、调度通话的自动录音等功能。

    4 系统级功能，包括虚拟专网、遇忙排队、迟后进入和新进用户优先等。

    5 录音功能应符合下列规定：

        1）控制中心数字录音设备应能记录所有调度员的通话信息；

        2）录音记录时长应大于 24 h，并可进行搜索查询。

    6 系统网络管理功能应符合下列规定：

        1）系统应具有完善的网络管理功能；

        2）线路无线通信系统应设置冗余、独立的网管终端。

13.4.7 系统用户设置应符合下列要求：

1 控制中心宜设置事故防灾、综合维修、乘客服务等本地调度台。

2 车站消防控制室设置1台固定台。

3 应为OCC、车辆基地、车站运营管理人员配置手持台。

4 应为车站站务管理、线路移动巡查人员和设备管理人员配置手持台。

5 应为各专业公司设备维修、检修、巡视人员配置手持台。

13.4.8 系统技术要求应符合下列规定：

1 系统采用的工作频段及频点应由上海市无线电管理部门批准。

2 话音质量三级以上（SAND 20 dB，五级制）。

3 呼叫建立时间不大于500 ms。

4 越区切换时间不大于800 ms。

5 车站站台、站厅、车辆基地宜采用天线覆盖。在覆盖范围内，地点及时间的通话概率不小于90%；高架区间宜采用漏泄同轴电缆覆盖，在距线路中心线两侧4 m的覆盖范围内，地点及时间的通话概率不小于95%。

13.5 广播系统

13.5.1 应保证控制中心调度员和车站值班员向乘客通告列车运行以及安全、向导、防灾等服务信息，并应向工作人员发布作业命令和通知。

13.5.2 应兼做消防广播，并具有最高优先级。当发生紧急情况时，应优先提供事故及防灾调度员（值班员）使用，进行救灾广播。

13.5.3 应由正线运营广播系统和车辆基地广播系统组成，宜采用全数字广播，具备优先级处理和设备自动监测功能。控制中心和车站的系统操作界面应集成在综合监控系统中，在支持综合监控系统操作和联动工作的同时,系统应保证完整性和独立性。

13.5.4 控制中心至各车站/场的语音和控制信息应由传输系统传输,采用 10/100 Mbps 以太网接口。语音信息采用宽频带,频响应优于 100 Hz~7 000 Hz。

13.5.5 系统应实现广播设备的状态显示功能、同步录音功能和统一网管功能,录音保存时间不应少于 30 d。

13.5.6 正线运营广播系统由控制中心和车站两级控制构成,系统在控制中心和车站均应设置广播控制台,控制中心广播控制台可对全线选站、选路广播,车站广播控制台可对本站管区内选路广播。

13.5.7 正线运营广播系统应具备列车进站广播功能,列车进站时车站可自动广播乘客导乘信息,列车进站信息宜由信号系统提供,支持背景音乐功能。换乘区域的广播应能被换乘线路车站相互控制。

13.5.8 正线运营广播系统车站负荷区宜按站台层、站厅层、设备区等进行划分。负荷区各点的声场均匀度及混响指标应保证广播声音的清晰和稳定。

13.5.9 车辆基地广播系统应能满足车辆基地行车调度指挥人员向与行车直接有关的生产人员发布作业命令及有关安全信息的要求。车辆基地广播系统应接入运营广播系统。

13.5.10 车辆基地广播系统播音区范围宜包括段场出入口区、车库区(包括联合车库、停车库、列检库等)和办公用房区等。

13.5.11 广播系统每台功率放大器对应一路负载,功放设备总容量应按所有广播负荷区额定功率总和及线路的衰耗确定。功率放大器应按 $N+1$ 的方式热备用,系统应有功放自动检测倒换功能,备用功放可自动或手动切换。

13.6 乘客信息系统

13.6.1 乘客信息系统应设置为 COCC 控制层、线路 OCC 控制层、车站控制层的三级控制,具备 COCC、线路 OCC、车站等人工/自动三级播出功能。OCC 和车站的系统操作界面应集成在综合监控系统中,系统在支持综合监控系统操作和联动工作的同时,应具有完整性和独立性。

13.6.2 COCC 级 N-PIS 应具有信息采集功能、信息中央处理功能和信息发布功能。OCC 级 N-PIS 应具有信息发布及控制功能、信息编辑功能和紧急信息发布功能。车站级 N-PIS 应具有信息发布及发布控制功能、紧急信息发布功能、设备管理功能及客服支持功能。

13.6.3 应支持数据传送及数据显示的优先级别定义功能,应优先处理定义级别高的数据。

13.6.4 系统应具有可靠性、可扩展性、使用灵活性,应保证信息的安全。信息的采集、处理和发布宜采用人工与自动操作控制相结合的方式。

13.6.5 车站至 OCC 的传输通道宜由通信传输系统提供,OCC 至 COCC 的传输通道应由高速数据网提供。

13.6.6 系统应设置车地无线通信网络,具有实时双向数据传输的能力,实现将列车收集的信息数据上传至 OCC 以及将 OCC 数据、指令下发到列车的功能。车地无线通信网络宜由乘客信息系统独自构建,无线网络应满足列车高速运行时的无缝切换。

13.6.7 系统应在下列车站公共区设置终端显示设备,显示内容包括三色实时运营状态信息、时间信息、列车到站信息、首末班车时间信息、地铁电视等。

    1 应在站台候车区和空调候车室配置终端显示设备。
    2 宜在站厅自动售票机上方配置终端显示设备。
    3 车站出入口、换乘通道宜设置终端显示设备。
    4 车站站厅、站台宜设置多媒体触摸查询设备。

13.6.8 车站动态显示、动态查询设备应向乘客提供动态显示、主动查询信息,宜包括票价信息、本站内的地理信息、时间信息、运营状态信息以及本站周边地理与交通信息及其他便民信息等，应支持常态模式和防灾救灾模式。

13.6.9 乘客信息系统应设置完善的网络安全措施。

13.7 时钟系统

13.7.1 应建立服务于网络化运营的时间同步系统，为运营提供统一的标准时间，为其他系统提供统一的时间信号。系统宜由网络级和线路级组成，实现轨道交通各弱电系统的时间同步。

13.7.2 时钟系统应由中心母钟（一级母钟）、车站和车辆基地母钟（二级母钟）、时间显示单元（子钟）组成。子钟应根据需要设置在控制中心调度大厅、车站站厅层、消防控制室及有关办公、管理用房等处。

13.7.3 系统相关设备宜统一规划 IP 地址和端口。

13.7.4 宜采用无条件同步和有条件同步两种方式；当采用无条件同步方式时，与各系统从机之间的同步精度不应大于 65 ms；当采用有条件同步方式时，与各系统从机之间的同步精度不应大于 85 ms。

13.7.5 一级基准时钟频率精度应优于 $\pm 10^{-11}$ s（一天平均），二级时钟频率精度应优于 $\pm 10^{-8}$ s（一天平均）。

13.7.6 子钟的形式可根据各车站建筑的风格，采用指针式或数字式；在设置乘客信息系统显示终端的站台公共区，宜由乘客信息系统显示终端的时钟代替子钟功能。

13.8 信息资源网接入系统

13.8.1 系统应为线路运营和管理提供从控制中心至车站、车辆基地、楼宇等布线布点的信息接入、网络连接、业务信息交换，为运营、管理、维修等部门的工作人员提供信息交互的平台。

13.8.2 系统软件平台建设宜根据运营单位的需求,统一规划和实施。

13.8.3 信息接入及布线布点建设,应基于生产组织、生产管理协同等网络运营生产业务。

13.8.4 系统宜利用专用通信传输系统作为主干传输网络,用户终端设备可通过综合布线接入网络设备。应按轨道交通网络信息资源规划的相关规定统一配给设备 IP 地址。

13.8.5 系统应设置网络安全措施。系统应具有完备的权限管理功能和设备管理功能。

13.9 集中告警系统

13.9.1 宜设置集中告警系统,便于控制中心集中管理和维护;包括性能监视、故障检测、系统保护、故障或性能信息报告和故障大致定位等。

13.9.2 集中告警系统宜对通信各子系统的设备、资源、性能、告警进行统一管理,实现对跨子网的故障相关性处理。

13.9.3 系统应具有按子系统、车站、设备架、子架顺序判断故障位置和显示功能,并发出声光告警。车站设备应具有状态显示功能。系统主处理器及传输通道应有备份。

13.9.4 系统应满足下列功能:

1 告警信息采集功能。
2 告警信息过滤、分级分类处理功能。
3 告警提示和屏蔽功能。
4 告警处理、查询与统计功能。
5 系统安全管理功能。
6 与时钟系统的时钟同步接口,具备标准时间显示及定时校时功能。
7 具有向上网管接口,可向综合监控系统传送告警信息功能等。

13.9.5 系统宜为维保人员提供统一的资源管理及维护支持,应满足下列要求:

  1 提供设备资源管理功能,对通信系统的设备进行定位、管理和维护记录,并预留与资产管理系统的接口。

  2 预留与维护工单系统的接口。

13.9.6 宜对机柜内温湿度进行实时监测。

13.10 通信电源和接地

13.10.1 通信电源设备必须安全可靠,满足使用要求。应保证对通信设备不间断、无瞬变供电。

13.10.2 电源系统宜采用 UPS 电源综合系统集中供电方式。

13.10.3 电源系统应具有集中监控功能,对电源主要设备具有性能管理、配置管理、安全管理、故障管理等功能,同时应实现对机房及各机柜的温湿度的状态监控。

13.10.4 通信设备应按一级负荷供电,并配备不间断电源和蓄电池,蓄电池容量应保证向各通信设备连续供电不少于 2 h。

13.10.5 通信设备的接地系统设计应满足人身安全要求和通信设备的正常运行要求。

13.10.6 车站、控制中心与车辆基地宜采用综合接地方式,车辆基地也可采用分设接地方式。

13.10.7 室外综合接地体电阻值不应大于 1 Ω。

13.10.8 室内机房应设置综合接地排,每个机柜应独立引出接地线(PE 线)至机房综合接地排,并与独立的接地螺栓牢固连接。

13.11 通信用房技术要求

13.11.1 应根据运营管理模式及设备类型,设置各类通信机房和生产辅助用房,机房面积应按远期设备数量确定。

13.11.2 车站通信机房的位置应邻近车站控制室,并宜与变电所分设于车站两端。

13.11.3 通信机房的净高不应小于2.8 m。

13.11.4 当通信机柜采用下进线时,应设置防静电活动地板,架设高度不宜小于350 mm;当通信机柜采用上进线时,应设置防静电地坪。

13.11.5 通信机房其他工艺要求应符合现行国家标准《数据中心设计规范》GB 50174的规定。

和生产辅助用房,机房面积应按远期设备数量矿

13.11.2 车站通信机房的位置应邻近车站控
所分设于车站两端。

13.11.3 通信机房的净高不应小于 2.8 m。

13.11.4 当通信机柜采用下进线时,应设置防
设高度不宜小于 350 mm;当通信机柜采用上进
电地坪。

13.11.5 通信机房其他工艺要求应符合现行[E
心设计规范》GB 50174 的规定。

系统设备组成：
 1 列车自动监控(ATS)子系统。
 2 列车自动防护(ATP)子系统。
 3 列车自动运行(ATO)子系统。
 4 数据通信(DCS)子系统。
 5 维护管理(MMS)子系统。

14.2.2 信号系统应满足行车组织、运营管理与列车运行安全的需求。

14.2.3 信号系统设计应满足全线最小行车间隔、旅行速度和折返能力要求。

14.2.4 列车出入段/场作业应与正线列车通过能力相适应。

14.2.5 ATC系统监控和管理的容量应留有不小于30%余量。

14.2.6 正线区间、正线折返区域和车场自动区域均应实现全自动运行。

14.2.7 信号系统应采用独立的传输网络，与其他系统的接口应有隔离措施。

14.2.8 信号系统应具备适应列车编组变化的能力。

14.2.9 系统应满足现行国家标准《信息安全技术 网络安全等级保护基本要求》GB/T 22239中第三级安全保护要求。

14.3 系统构成

14.3.1 信号系统按地域划分为控制中心(OCC)、车站及轨旁、车辆基地及试车线、车载、维护及培训子系统。

14.3.2 控制中心(OCC)子系统应设置各类服务器、调度员工作站和调度长工作站、运行图工作站、培训/模拟工作站、绘图仪和打印机、维护工作站、电源等设备。

14.3.3 车站及轨旁子系统应设置轨旁ATP/ATO、车-地通信等系统设备；各车站设置站台紧急关闭按钮等设备；在轨道上应设置信标等定位设备,道岔处应设置道岔防护信号机和道岔方向表示器等室外设备。

14.3.4 车载设备应包括主机柜、信标天线、测速设备及车-地通信天线等。

14.3.5 车辆基地及试车线子系统应满足下列要求：

　　1 设置ATS本地工作站、轨旁ATP/ATO、维护工作站、车-地通信设备、电源和打印机等设备。

　　2 试车线地面信号设备应与正线ATC系统控制区域内的信号设备相同,其布置应满足ATP/ATO双向试车的需要。

14.3.6 维护及培训子系统应满足下列要求：

　　1 维护管理子系统应采用专用的维护网络系统,包括维护服务器、控制中心维护工作站、车站维护工作站、车辆基地维护工作站等。

　　2 培训子系统包括ATS培训服务器和ATS培训工作站。

14.4 系统的控制方式

14.4.1 信号系统应采用控制中心(含车辆基地)自动控制和人工控制相结合的方式。

14.4.2 系统控制等级应遵循的原则是:控制中心人工控制优先于控制中心的自动控制。

14.4.3 系统的列车驾驶模式应包括全自动驾驶(UTO)模式、ATPM模式(ATP监控下的人工驾驶模式)、全人工驾驶模式。

14.4.4 在本系统设备故障的特殊条件下,应采用降级运行模式。

14.5 子系统要求

14.5.1 ATS子系统应满足下列规定：

1 基本要求
   1) 采用全自动运行方式时,正线、车辆基地无人区宜采用一致的系统和配置,由 ATS 统一调度、控制。
   2) ATS 主要设备和网络设备应采用双机热备方式,当主机出现故障时,应自动切换至备机。
   3) 线路上的车站、车辆基地无人区应纳入 ATS 监控范围。
   4) 系统应收集车辆运行的关键信息,根据行车指挥的需要,集成在 ATS 人机界面中。
   5) 应满足列车运行交路的需要,凡具备折返条件的车站均应能自动办理折返进路。
   6) 列车进路控制应以联锁进路为依据,根据运行时刻表和列车识别号等条件实现自动控制。
   7) ATS 应从通信时钟获取标准时钟信号;ATS 自带的时钟作为备用。
   8) ATS 中所有计算机均应保证每天 24 小时连续工作。系统应具有良好的实时控制性能,系统正常运行时硬盘空间和内存空间不应少于 50% 的空闲,其中 ATS 服务器内存占用率最大不超过 30%。
   9) 服务器操作系统应采用稳定、安全、可靠、不易受到外界攻击的系统,系统应具有兼容性,不宜频繁升级。
   10) 列车自动监督系统(ATS)的安全完整性等级(SIL)应达到 2 级。
   11) 对安全有关的功能和因误操作可能对运营导致不利影响的功能,ATS 系统应提供操作控制的确认。

2 主要功能
   1) ATS 子系统应能控制列车实现全线路全自动运行。
   2) 实现列车自动识别、自动追踪、车次号显示、进路自动控制或人工控制。

3）实现列车运行自动调整,包括运行等级的选择和扣车、催发车功能。
4）设置区间临时限速功能。
5）列车运行图或时刻表的编制与管理,描绘列车计划和实际运行图。
6）列车运行监视及系统设备状态的自动监视、监测和报警,事件及故障记录。
7）系统具有调试模拟功能,并通过列车运行模拟或实际列车运行监视及操作的动态模拟对调度员进行培训;系统维护应包括用户权限的管理、系统的远程诊断、系统的网络管理、服务器切换等。
8）列车运行统计、报表的生成。
9）行车调度人员身份识别及记录管理功能,防止非法登录操作;能实现各种状态信息、数据和操作信息的记录及回放,数据保留不应少于1个月。
10）系统应能提供面向乘客的列车运行信息。
11）与通信系统、综合监控系统、线网指挥控制中心（COCC）等交换信息。

14.5.2 ATP子系统应满足下列规定:
1 基本要求
1）ATP车载设备和轨旁设备应符合"故障导向安全"的原则,主体逻辑计算机应采用"二乘二取二"或"三取二"的安全冗余结构。
2）ATP传输通道应热备冗余,传输通道切换时不应影响子系统的正常工作。
3）系统应在正线、车辆基地、试车线范围内实现列车运行的安全防护。
4）应通过列车运行仿真验证线路通过能力,安全防护距离应通过计算确定。

5) ATP应采用移动闭塞的控制方式。
6) ATP执行紧急制动时,在系统保证安全的前提下可自动缓解。
7) 系统应具备控制列车休眠和唤醒功能,自动控制车辆设备的关闭与开启。
8) 全自动运行时,控制中心应具备使指定列车、指定区域列车紧急制动的能力。
9) 列车进路控制应以联锁条件(含侧面防护)为依据。
10) 车载信号设备与车辆接口电路的布线应与其主回路高压布线分开敷设,并实施防护。与车辆的电气接口应有隔离措施。
11) 车载信号设备应向车辆系统提供时间同步信号。
12) 司机手动操作台信号显示单元上应能显示列车限制速度和实际速度。
13) 车载设备应具有自动日检功能。
14) 列车运行状态和车载设备故障信息应能传送至中央ATS。
15) 车站站台应设置紧急关闭按钮。
16) 列车ATP功能的安全完整性等级(SIL)应达到4级。
17) 设置站台门的车站,站台区域ATP最高限速应根据站台线路的限速确定。

2 主要功能

1) 自动检测列车位置,实现列车间隔控制。
2) 监督列车运行速度,实现列车超速防护控制。
3) 通过地面设备向车载ATP设备传送列车安全运行控制所需信息。
4) 应具有进路操纵及锁闭道岔的功能,也能单独操纵、单独锁闭道岔。

5) 车载设备应能实时记录并存储操作及运行状态、设备状态,并可输出。切除车载设备而导致系统断电时,须保留失电前的所有实时数据,并记录切除动作及动作时间。数据存储容量应大于48 h。

6) 发生地对车连续通信中断或地面信息严重丢失、列车完整性电路中断、列车的非预期退行、列车超速、车载设备重要故障等情况时,应产生报警及安全性制动。

7) 车门关闭锁闭状态丢失时,应施加常用制动;常用制动距离不足时,应施加紧急制动。

8) 实现与ATS、ATO子系统的接口及信息交换。

14.5.3 ATO子系统应满足下列规定:

1 基本要求

1) ATO应在ATP的安全防护下,实施列车的自动驾驶,并可根据ATS的指令,实现列车运行的自动调整。

2) 列车区间正常停车后,在允许信号的条件下列车自动启动。

3) ATO应冗余热备,单套ATO故障不影响列车正常运行。

4) ATO故障时,应具备蠕动模式,控制列车驶入前方车站。

5) 车门能由ATO自动开关。

6) 司机手动操作台信号显示单元上(若设置)应能显示司机驾驶所需的信息。

7) 列车启动、区间运行和停车控制过程应满足舒适度和节能的要求。

8) 定点停车开门成功率不应小于99.995%。

9) 列车运行状态和车载设备故障信息应能传送至中央ATS。

10) 列车自动驾驶系统（ATO）的安全完整性等级（SIL）应达到2级。

11) ATO运行等级不应少于4级，满足列车运行调整和节能的要求。运行等级应按站间运行时间设置。

2 主要功能

1) 根据ATS区间运行时分的要求，计算列车运行曲线，并在ATP防护下控制列车按照运行曲线，控制列车的加速、巡航、惰行和制动。

2) 车站站台定点停车控制。

3) 列车车站通过控制。

4) UTO模式下的折返作业控制。

5) 具有自动开、关列车门控制功能。

6) 系统须具备同时开/关两侧车门、单独开/关左门、单独开/关右门，并能分别与同侧站台门联动的功能。

7) 实现与ATS、ATP子系统的接口及信息交换。

8) 列车车门和站台门对位隔离。

14.5.4 联锁子系统应满足下列规定：

1 基本要求

1) 联锁应满足"故障导向安全"原则，联锁计算机应采用"二乘二取二""三取二"的安全冗余结构或具备安全算法体系的双机热备系统。

2) 确保进路上道岔、信号机的联锁。

3) 车站站台和控制中心应设置紧急关闭按钮。

4) 与其他线路通过联络线衔接时，两线联络线应实现联锁照查。

2 主要功能

1) 可自动选出保护区段的进路并锁闭。可自动排列通过进路、折返进路和出入库进路。

2) 道岔具有进路操纵及锁闭、单独操纵、单独锁闭等功能。

14.5.5 DCS子系统应满足下列规定:
1 基本要求
　　1) 安全数据传输应采用标准的无线通信设备和开放的数据传输系统,车载设备与地面设备通信可以采用多种方式。
　　2) 应确保车地传输信息的实时性和安全性,防范非法入侵,具备网络加密、认证、识别和防火墙等信息的安全防护功能。
　　3) 车地通信系统应保证在列车最高速度运行时的漫游切换,不影响车地通信的连续性。
　　4) 轨旁和车地通信系统应采用冗余设计,单点故障不得影响系统信息传输的实时性和连续性。
　　5) DCS系统选用的无线频点应符合上海市无线电管理委员会的相关规定。
　　6) DCS系统应满足信息安全防护等级标准相关要求。
2 主要功能
　　1) DCS应提供轨旁骨干网络、车地无线网络和网络管理设备,确保信号系统的有线和无线网络数据的实时和可靠传输。
　　2) DCS网络管理系统宜采用SNMP标准协议、通过图形化界面对网络设备进行监控和管理。
　　3) DCS网络管理系统应能记录并保存DCS系统运行中的各类事件和告警信息。

14.5.6 维护管理子系统和培训子系统应满足下列规定:
1 基本要求
　　1) 正线和车辆基地均宜设维护监测设备,并构成统一的监测网络。单线维护管理子系统应预留与上层轨道交通维护网络的接口。
　　2) 维护管理子系统应具有良好的隔离措施。

3) 维护管理子系统应根据设备故障性质分类报警。

4) 培训子系统应对调度员全面培训。

2 主要功能

1) 维护管理子系统应收集各子系统的运行和故障报警信息。

2) 系统故障时,维护人员应能看到具体的错误信息,并应显示相关的维护引导指令。

3) 维护管理子系统应监测下列设备的开关量和模拟量:
   ① 关键继电器状态;
   ② 电源泄漏;
   ③ 熔丝报警状态;
   ④ 信号机点灯状态;
   ⑤ 电缆绝缘;
   ⑥ 设备机房环境温度。

4) 培训子系统应模拟 ATS 子系统运行。

14.6 信号设置及显示

14.6.1 信号设置及显示应满足下列基本要求:

1 在 CBTC 制式下,地面信号机应点灯。地面信号机的红灯信号为禁止信号。当移动授权越过信号机时,该信号机显示允许信号,否则显示禁止信号。

2 地面禁止信号灯因故熄灭时,在人工驾驶模式下应视为禁止信号。

14.6.2 信号机设置与机构形式应满足下列要求:

1 应采用色灯信号机,设置在列车运行方向的右侧。特殊情况下,可设于列车运行方向的左侧或其他位置。

2 正线和车辆基地的道岔岔前和岔后应设置道岔防护信号机,采用绿、红二显示机构。

3 正线和车辆基地的道岔岔前和岔后应设置带箭头的道岔方向表示器,箭头开向表示道岔锁定位置。

14.6.3 信号机和道岔方向表示器显示应符合统一性规则。

14.7 系统配电

14.7.1 供电负荷等级应为一级负荷,供电质量应符合国家有关标准。交流电源电压的波动超过交流用电设备正常工作范围时,应设稳压设备。

14.7.2 车载设备应由列车直流电源直接供电或经变流设备供电。

14.7.3 信号设备(除车载设备外)应由专用电源屏供电,应具有两路独立电源自动切换功能,应选用不间断电源(UPS)设备和免维护蓄电池设备,其蓄电池后备供电时间不宜小于 30 min。电源系统对负载应具有抗冲击电流的能力。

14.7.4 信号设备专用交、直流电源应对地绝缘,各类电源之间应相互隔离。

14.7.5 电源屏应具有远程监测功能,或纳入维护监测网络。

14.8 接地与防雷

14.8.1 接地应符合下列要求:
   1 应设工作地线、保护地线、屏蔽地线和防雷地线等。
   2 信号系统地线宜接入综合接地系统,接地电阻值不应大于 1 Ω;也可采用分设接地方式,接地电阻值不应大于 4 Ω。
   3 区间设备接地宜采用区间电缆支架 PE 线接地。
   4 车载信号设备的地线应由车辆接地装置接地。

14.8.2 防雷设施的设置应符合下列要求:
   1 高架和地面线的室外信号设备应采取防雷措施。

2 室外信号设备的金属箱、盒壳体应接地。

3 信号机房电力线引入处应单独设置电源防雷箱。

4 出入信号机房的电缆应采用屏蔽电缆,并在室内一端接地。

5 防雷元器件的选择应将雷电感应过电压抑制在被防护设备的冲击耐压水平之下,可不对直接雷击设备实施防护。

6 防雷元器件不应影响被防护设备的正常工作;防雷元器件应满足信号设备受雷电电磁脉冲干扰时不得导致危险状态。

7 防雷元器件与被防护设备之间的连接线应最短,防护电路的配线应与其他配线分开。

14.9 可靠性、可用性与可维护性

14.9.1 信号系统的可靠性、可用性与可维护性各项指标应符合表 14.9.1 的规定。

表 14.9.1 信号系统的可靠性、可用性与可维护性各项指标

系统名称	性能		指标
ATS 子系统	可靠性 MTBF		$\geqslant 3.5 \times 10^3$ h
	可维护性 MTTR		$\leqslant 0.5$ h
	可用性		$\geqslant 99.9857\%$
	表示响应时间		$\leqslant 1$ s
	控制响应时间		$\leqslant 1$ s
	ATS 现场信息采集及处理周期		$\leqslant 2$ s
	工作站及显示终端的操作响应时间		$\leqslant 1$ s
	车站与控制中心通信传输速率		$\geqslant 19.2$ kbps
	可靠性 MTBF	车载设备	$\geqslant 10^5$ h
		地面设备	$\geqslant 1.0 \times 10^5$ h
	可维护性 MTTR	车载设备	$\leqslant 0.5$ h
		地面设备	$\leqslant 45$ min

续表14.9.1

系统名称	性能		指标
ATP子系统	可用性	车载设备	≥99.9975%
		地面设备	≥99.9995%
	车载信号设备自接收地面信息至完成处理的时间		≤2 s
	ATP站台停车窗		±0.5 m
	非期望列车紧急制动发生率		≤0.015%
	ATP系统响应时间		≤2 s
联锁子系统	可靠性MTBF		≥$1.0×10^5$ h
	可维护性MTTR		≤0.5 h
	可用性		≥99.9995%
	设备处理周期		≤1 s
ATO子系统	车载设备的可靠性		≥$1.5×10^5$ h
	列车冲击极限		≤0.75 m/s^3
	ATO站间实际走行时间与预定走行时间的相对误差		≤5%
	列车到达折返站能可靠实现自动折返的正确率		≥99.99%
	定点停车精度		±0.25 m~±0.30 m（设置站台门），正确率为99.99%
			±0.50 m（不设置站台门），正确率为99.9998%
车站及轨旁、控制中心设备	记录时间		≥30 d
车载设备			≥8 d

14.9.2 信号系统的所有安全关键系统和安全相关系统的设计、开发、制造、调试和维护的全寿命周期安全保证体系,必须进行独立的安全评估,并具有独立安全认证机构出具的安全评估报告和安全认证证书。

14.9.3 信号系统中涉及安全的设备的安全完整性等级(SIL)应达到 4 级,各子系统具体要求应符合表 14.9.3 的规定。

表 14.9.3 子系统安全完整性等级

子系统	安全完整性等级
列车自动监督系统(ATS)	2 级
列车超速防护系统(ATP)	4 级
列车自动驾驶系统(ATO)	2 级
计算机联锁系统(CI)	4 级

14.9.4 系统的其他性能可参照表 14.9.4。

表 14.9.4 系统的其他性能指标

系统性能	指标
单个轨旁控制器所管辖的最多车数	10 列～40 列
列车位置测量分辨率(用于建立后续列车 ATP 防护下的移动授权的位置报告)	±0.25 m～±6.25 m
正常情况下列车位置测量精度(例如:用于 ATP 防护的最大列车位置误差)	±5.0 m～±10 m
列车移动授权分辨率	±0.25 m～±6.25 m
ATP 目标的列车速度测量分辨率	±0.5 km/h～±2 km/h
ATP 目标的列车速度测量精度	±3.0 km/h
列车速度命令分辨率(如:土建限速)	±0.5 km/h～±5 km/h
车—地信息通信延时	≤0.5 s
地—车信息通信延时	≤0.5 s

续表14.9.4

系统性能	指标
倒溜判定标准	0.5 m～2.0 m
零速度判定标准	<1.0 km/h～<3.0 km/h(2.0 s)

14.10 其 他

14.10.1 地下区段电缆应采用无卤、阻燃、低烟、防腐蚀综合护套电缆；地面及高架区段宜采用低卤、阻燃、低烟、抗老化综合护套电缆。电缆电气性能指标应符合相关规定。

14.10.2 电缆敷设方式应满足下列要求：

1 地面线路电缆应采用管道或电缆槽防护埋设方式。

2 高架线路电缆宜敷设于土建预制、具有排水设施的电缆槽内。信号电线路应与电力线路分开敷设。交叉敷设时信号系统的电线路应采取防护措施，平行敷设时其间距应大于0.5 m。电缆贯穿隔墙、楼板的孔洞处均应实施阻火封堵。

14.10.3 普通信号电缆的备用芯数应符合下列要求：

1 9芯以下电缆备用1芯。

2 12芯～16芯电缆备用2芯。

3 19芯～33芯电缆备用4芯。

4 37芯以上电缆备用6芯。

14.10.4 音频电缆应成对备用芯线；当电缆芯线被完全使用时，应根据电缆使用数量和特点备用整根同类型电缆。

15 综合监控

15.1 一般规定

15.1.1 胶轮路轨系统应设置综合监控系统，满足调度指挥、应急指挥、乘客服务和维修支持等现代运营管理需求。

15.1.2 综合监控系统面向的对象，应包括控制中心的中央调度员、车站和车辆基地值班员和车辆段维修中心的系统维护人员等。综合监控系统应满足以上岗位的功能要求。

15.1.3 综合监控系统宜采用集成和互联互通方式构建行车综合自动化系统。应对列车运行监控系统、电力监控系统、站台门控制系统、环境与设备监控系统、火灾自动报警系统、门禁系统、广播系统、视频监控系统、乘客信息系统进行集成；将自动售检票系统、通信故障集中告警系统、时钟系统等进行互联。

15.1.4 综合监控系统应实现正常、阻塞、火灾、公共灾害、故障和维护等运行模式。对重要控制对象应实现远程手动控制功能。应包括下列系统操作流程：

  1 早间启运操作流程。
  2 晚间停运操作流程。
  3 日常运营操作流程。
  4 客运高峰操作流程。
  5 火灾管理操作流程。
  6 阻塞管理操作流程。
  7 故障管理操作流程。
  8 节能增效操作流程。

15.1.5 综合监控系统在控制中心和车站应以模式控制和群组

控制为主,并能反映相关系统的工作状态。相关系统的安全联锁应由系统底层完成。

15.1.6 系统设计应满足安全性、可靠性、可维护性、可扩展性的要求,应采用模块化设计,易于扩展,能为今后线路的延伸以及其他线路的接入预留条件。

15.1.7 系统设计应满足城市轨道交通环境条件与电磁兼容的要求。

15.1.8 综合监控系统应设置维修支持系统(MSS),实现对监控对象的维修支持服务;并与轨道交通网络维护保障系统接口,设置网络管理系统、培训管理系统和仿真测试平台。

15.1.9 应建立故障、事件对策专家数据库,协调相关子系统对事件的联动。

15.1.10 应为线网运营指挥中心(COCC)提供信息,实现线网运营管理协调功能。

15.1.11 综合监控系统应支持分模块、分系统、分阶段的测试和调试。

15.1.12 应具有报警管理功能,报警信息可分级配置,并可过滤。

15.1.13 应具有完善的历史数据记录、分类、查询、转储、显示、统计分析等管理功能。

15.1.14 系统建设应符合 RAMS 相关要求,涉及运营安全部分的安全完整性等级应达到 SIL2。

15.1.15 系统应提供基于车辆的综合监控集成,包括车载CCTV、车载 PA、车载 PIS 及 IHP 等内容。

15.2 系统组成及硬件基本要求

15.2.1 综合监控系统宜采用控制中心集中监控方式,并有可靠的系统备用手段。

15.2.2 综合监控系统应由中央级综合监控系统和车站/车辆基地级综合监控系统、骨干传输网络构成。

15.2.3 中央级综合监控系统应由实时服务器、历史服务器、数据存储设备、各种工作站、通信处理机、综合显示屏、打印机、网络设备及不间断电源等组成。实时服务器、历史服务器、通信处理机、网络设备应冗余配置，宜考虑数据的异地备份功能。

15.2.4 车站综合监控系统应由工作站、通信处理机、综合后备盘、打印机、网络设备及不间断电源等组成。通信处理机、网络设备应冗余配置。

15.2.5 车辆基地综合监控系统由网络设备、工作站、通信处理机、不间断电源(UPS)和打印机等组成。网络设备、通信处理机应采用冗余配置。

15.2.6 车站消防控制室兼值班室应设置综合监控系统综合后备盘(IBP)，具备事故及火灾情况下紧急操作功能。

15.2.7 综合监控系统骨干网宜利用通信系统传输网络组网或组建专用传输网络。

15.2.8 综合监控系统宜部署在云计算平台上，宜按照第三级信息安全保护等级要求进行信息安全防护。

15.2.9 应根据换乘车站的换乘方式、建设时序以及运营管理分工确定合适的综合监控系统设计方案，以达到资源共享和信息互通。

15.2.10 综合监控系统设备应选择可靠、可维护、易扩展的工业级网络及控制产品，并具有防潮防尘和抗电磁干扰的能力。

15.2.11 环境与设备监控现场设备应由可编程逻辑控制器、通信和输入输出(I/O)模块、传感器及现场级网络构成。

15.3 系统基本功能

15.3.1 综合监控系统应具备对被集成系统的监控和管理、对互联系统监控和联动控制功能。

15.3.2 综合监控系统应具备下列基本功能：

1 控制功能。

2 监视功能。

3 报警管理。

4 趋势分析。

5 报表生成。

6 权限管理。

7 系统组态。

8 档案管理。

9 系统维护和诊断。

15.3.3 综合监控系统宜具备运营数据统计、操作员培训等运营辅助管理功能。

15.3.4 综合监控系统应具备点控制、组合控制、程序控制、模式控制、时间表控制等功能。

15.3.5 综合监控系统应具有时钟同步功能。

15.3.6 系统应具有下列辅助决策功能：

1 提供联动预案的编制支持。

2 为运营人员提供各种事件下的专家系统。

3 由独立的应用软件实现，宜由配置、调配、输入、管理等组件组成。

15.3.7 综合后备控制盘（IBP）应具有下列功能：

1 综合后备控制盘作为火灾工况自动控制的后备措施，其操作权限高于车站和中央操作工作站，操作程序应力求简便、直接。

2 综合后备控制盘宜具备的功能包括：

　　1）对车站排烟模式的紧急控制；

　　2）对车站消防水泵的监视和控制功能；

　　3）对车站站台门监视和控制功能；

　　4）对车站自动售检票闸机的释放功能；

5）对车站门禁的紧急释放功能。

15.3.8 综合监控系统应监视 AFC 系统提供的客流信息及主要设备故障信息。

15.3.9 综合监控系统的广播系统功能应符合下列要求：

 1 应能选择广播分区。

 2 应能选择广播源。

 3 可监听任意一个正线广播区域的语音广播内容。

 4 应能根据列车运行信息，进行列车进站/到站/离站自动广播。

 5 应根据运营时刻表，进行车站内定时自动广播。

 6 可根据各广播区占用状态和预定义广播的时间间隔，进行空闲自动广播。

 7 应能监视广播系统设备状态及故障显示。

 8 紧急情况下应将运营广播切换为救灾疏散广播。

15.3.10 综合监控系统的视频监控系统功能应符合下列要求：

 1 综合监控系统应能显示监控画面，能任意控制、选择所辖范围内系统监视器的图像显示。

 2 综合监控系统应能对摄像机进行变焦、调光和云台转动等控制功能。

 3 可对设置在操作台上的视频监控系统监视器显示图像，进行编程设置自动循环监视模式及人工监视模式。

 4 应对中央控制室内大屏幕上的视频监控系统监视区域，编程设置自动循环监视模式及人工监视模式。

 5 应实现有关事件联动功能，火灾时切换视频监控系统为消防使用。

15.3.11 综合监控系统的乘客信息系统功能应符合下列要求：

 1 综合监控系统中央级应具有乘客信息系统的信息编辑功能，信息应包括列车到发信息、时间、实时通告信息等；车站级应具有编辑实时文字通告信息的功能。

2 实现乘客信息系统设备状态信息的监视及故障、报警信息的显示。

3 通过与广播的接口,向乘客信息系统发布火灾报警信号。

4 具有对车载乘客信息系统的文本信息编辑下发功能。

15.3.12 综合监控系统的门禁系统功能应符合下列要求:

1 实现门禁系统设备状态信息的监视及故障、报警信息的显示、通信状态信息显示。

2 实现门禁单门控制、组门开门控制功能。

3 应实现火灾联动控制功能。

4 实现有人区/无人区门禁管理功能。

15.3.13 综合监控系统的信号系统功能应按信号系统相关要求执行。

15.3.14 维修支持系统应具有下列功能:

1 保存 OCC 级、车站级各类基础设备技术资料和维护历史记录,设备运行状态信息,统计设备运行时间和次数。

2 分专业保存操作信息、报警信息、故障信息、设备状态信息、维修信息等记录。

3 采用自动或手动方式录入数据,生成检修工作表,建立各种档案报表。可进行定时和随时打印。

15.3.15 应具有系统联动功能,包括全自动、半自动和手动控制方式。应包括正常模式、紧急模式、故障模式等多模式联动功能,以及火灾模式下系统联动功能和维护模式联动功能。

15.4 软件基本要求

15.4.1 综合监控系统软件应满足下列要求:

1 应采用分层、分布式、模块化软件架构,应划分为数据采集服务层、数据处理层、应用层。

2 系统软件平台应采用成熟的软件产品,应能按用户需求进行二次开发。

3 系统软件平台应基于开放系统软件构架和实时数据库技术，协调并提供每一个功能模块对公用数据的访问。应是一个开放系统，采用标准的编程语言和编译器，支持多种硬件构成，具有对不同制造商产品的集成能力（包括接口协议、数据、工作模式等）。

4 应采用标准中间件技术以消除通信协议、数据库查询、应用逻辑与操作系统间潜在的不兼容问题，以保证各子系统的可靠数据交换。

5 系统软件应提供优良的实时处理能力，通过采用关键数据主动上传、订阅/发布、事件驱动等机制提供合理的数据流结构框架，提供优良的远动能力。

6 应充分利用和发挥硬件系统的能力，支持多任务多用户并发访问，支持内存数据库和动态缓存技术，支持数据的存储、转发。

7 应提供有效的冗余设计，单个模块/部件故障甚至部分交叉故障不应引起数据的丢失和系统的瘫痪。

8 应具有标准化、实用化、可复用和易扩展的特性；能支持综合监控系统多专业集成和互联。

9 应能支持综合监控项目分期实施、专项分包、分专业维护的需求；满足集成子系统特殊进程的要求。

10 系统软件应便于增减接口及车站数量；具备接入网络层面信息管理系统的能力。

11 综合监控系统及其集成子系统应采用统一的人机界面、统一的命名和编码规则，并应建立统一的系统接口标准。车站级系统的HMI应由综合管理界面、任务管理界面和专业管理界面等三类视图构成。

15.4.2 应用软件应满足下列要求：

1 应用软件应全面支持系统功能的实现和扩展。

2 应用软件应开放,应支持修改数据库、HMI及其背后的逻辑程序。

3 应支持用户独立进行组态、画面编辑、与逻辑无关的程序修改、系统维护等操作。

15.4.3 综合监控系统软件的数据库管理应符合下列要求：

1 宜采用分布式面向对象的实时数据库。

2 应提供标准数据接口。

3 应具备数据恢复备份、数据灾难恢复、系统错误恢复、人为操作错误恢复等功能。

4 应具备各种数据安全控制机制。

15.5 系统接口要求

15.5.1 综合监控系统应提供各种系统的信息接入机制,应以标准的、可扩展的方式通过接口进行访问。应支持通用的、开放的软件解码协议,数据能够实时更新,通信可采用查询或事件触发方式进行。

15.5.2 接口应具有故障诊断能力,关键环节应具有故障自修复能力,并保证接口功能正常。

15.5.3 综合监控系统接口信息传输速率应满足专业应用功能需求。

15.6 系统性能指标

15.6.1 系统响应性应满足下列要求：

1 控制命令的传输时间不应大于2 s。

2 设备状态变化反应时间不应大于2 s。

3 实时数据画面在操作工作站上的整幅调出响应时间不应大于1 s。

  4 冗余服务器切换时间不应大于 2 s。
  5 冗余网络切换时间不应大于 0.5 s。
  6 冗余通信处理机切换时间不应大于 1 s。

15.6.2 系统可靠性应满足下列要求：
  1 系统网络平均无故障时间（MTBF）不应小于 50 000 h。
  2 关键设备装置平均无故障工作时间（MTBF）不应小于 50 000 h。
  3 系统平均无故障时间（MTBF）不应小于 10 000 h。

15.6.3 系统可维护性应满足下列要求：
  1 系统平均修复时间（MTTR）不应大于 1 h。
  2 系统网络平均修复时间（MTTR）不应大于 0.5 h。

15.6.4 系统安全性应满足下列要求：
  1 具有完备的硬件、软件信息安全防范措施。
  2 具有完整可行的系统操作与维护的权限管理。
  3 具有系统极限负荷下抵御数据风暴处理的能力。
  4 确保与相关接口系统的隔离；互联的相关系统能够独立工作，且与综合监控系统互不干扰。
  5 系统应满足信息安全等级保护第三级的要求。
  6 系统应满足 SIL2 级安全标准。

15.7 其 他

15.7.1 管线敷设应采取抗电磁干扰措施。信号线与电源线不应共用一条电缆，也不应敷设在同一根金属管内。采用屏蔽线缆时，应保持屏蔽层的连续性，屏蔽层宜一点接地。

15.7.2 供电应为一级负荷，并采用 UPS 作为备用电源，后备电池容量不应小于 1 h。

15.7.3 计算机设备宜根据相应产品或系统的要求一点接地或浮空，现场机柜必须接地。

15.7.4 系统应采用综合接地系统,接地电阻不应大于1Ω。

15.7.5 系统设备应对雷电感应进行过电压防护设计,电子设备与室外线路连接的端子应设置雷电防护。

16 站台门

16.1 一般规定

16.1.1 地下车站宜设置全高封闭式站台门,地面或高架车站宜设置半高站台门或全高非封闭式站台门。

16.1.2 站台门系统应由门体、门机、电源及控制四部分组成。

16.1.3 站台门系统设计应遵循安全、可靠、可维护、可扩展的原则。

16.1.4 站台门系统主要装置应便于在站台侧进行维护、维修。

16.1.5 站台门不得作为防火隔离装置。

16.1.6 地下车站站台门系统的绝缘材料、密封材料和电线电缆等应采用无卤、低烟的阻燃材料;地面和高架车站站台门系统的绝缘材料、密封材料和电线电缆等应采用低卤、低烟的阻燃材料。

16.1.7 站台门设置区域不宜有变形缝;当站台门跨越变形缝时,其门体结构应采取相应的构造措施。

16.1.8 站台门电气控制设备的防护等级应与环境条件相适应。

16.1.9 站台门的整体钢结构使用寿命不应小于30年。

16.1.10 站台门系统应满足电磁兼容性要求。

16.1.11 站台门系统应具有与列车客室门一对一联动的功能,应能接收ATC系统发出的UTO驾驶列车被隔离客室门信息,并实现对应站台门的同步隔离。

16.2 主要技术指标

16.2.1 滑动门开关过程时间应与列车客室门的开关过程时间相匹配,且在一定范围内可调,重复精度不应超过0.1s。

16.2.2 站台门噪声不应超过 70 dB(A)。

16.2.3 滑动门、应急门、端门的手动解锁力不应大于 67 N,解锁后手动开启单扇滑动门的动作力不应大于 133 N。

16.2.4 系统平均无故障运行周期不应小于 60 万个周期,可按以下公式计算:

$$平均无故障运行周期 = \frac{所有滑动门总的运行周期}{故障次数}$$

(16.2.4)

16.2.5 运行强度应为每周运行 7 d、每天连续运行 20 h、运行间隔 90 s。

16.2.6 门体应具有足够的机械强度和刚度,在最不利荷载效应组合情况下,门体弹性变形应满足工程要求,且不应出现永久结构变形。各种荷载的取值应符合下列规定:

1 站台门设备自重应按实际重量取值。

2 地面车站或高架车站的站台门,所承受风荷载应按工程所在地风荷载标准值计算,地下车站的风荷载应根据工程设计荷载取值。

3 人群荷载应为 1 000 N/m,距站台装饰面 1.1 m 高处,垂直施加于门体表面。

4 地震作用的烈度应按当地抗震设防烈度取值。

16.2.7 站台门门体玻璃应进行冲击力测试,具体测试要求和方法可按现行国家标准《建筑用安全玻璃 第 2 部分:钢化玻璃》GB 15763.2 的有关规定执行。

16.2.8 站台门动力学参数应符合下列要求:

1 门体的加、减速度值应能达到 1 m/s^2。

2 阻止滑动门关闭的力不应大于 150 N(匀速运动区间)。

3 每扇滑动门的最大动能不应超过 10 J。

4 每扇滑动门关门时,最后 100 mm 行程的最大动能不应大于 1 J。

16.3 布置与结构

16.3.1 站台门应包括固定门、滑动门及应急门,每侧站台门的两端宜各设1扇端门。

16.3.2 滑动门的净开度不应小于车门有效开度加停车误差的绝对值之和。端门的净开度不应小于0.9 m,应急门的净开度不应小于1.1 m。

16.3.3 全高站台门中滑动门、应急门的净高度不应低于列车客室门的高度,且不应小于2 m;半高站台门的门体高度不应低于1.2 m。

16.3.4 应在站台门范围内的适当位置设应急门。当车辆之间设置贯通道时,可对应于列车首尾处各设置1道应急门;当车辆之间不设贯通道时,对应于每辆车应设置1道应急门。

16.3.5 滑动门、应急门、端门应能可靠锁闭,在站台侧可用专用钥匙开启,在轨道侧应能手动开启。

16.3.6 门体应由金属框架、安全玻璃等组成,框架外露面宜采用铝合金或不锈钢等金属材料制成。

16.3.7 站台门与车站结构的连接部分宜具有三维调节功能,应满足强度、刚度设计要求。

16.3.8 滑动门驱动电机宜采用直流永磁无刷电机,电机功率应满足滑动门在设计载荷作用下正常开关的需要,寿命应满足设计要求。

16.4 运行与控制

16.4.1 站台门控制及监视系统主要由中央控制盘、就地控制盘、门控器、局域网和接口模块等构成。系统连接方式应有总线网络和硬线连接两种形式,监视系统应采用具有冗余功能的网络。

16.4.2 站台门的控制优先权从低到高排列,可分为下列3级:
1 信号系统对站台门进行开关控制。

 2 就地控制盘对站台门进行开关控制。
 3 站台侧用钥匙或轨道侧用手动解锁装置开启站台门。

16.4.3 站台门监控系统应以车站为单位独立设置，应采用开放的通信协议。

16.4.4 站台门系统的重要状态和故障信息应能在控制中心进行显示和报警。

16.4.5 中央控制盘和接口模块宜布置在站台门设备室，就地控制盘宜布置在每侧站台中部且方便站务人员操作处。在中央控制盘和门控器上可进行参数的下载及修改。

16.4.6 站台门应具有障碍物探测功能，应能探测障碍物（硬物）的最小厚度为 5 mm，且最小宽度为 40 mm。

16.4.7 应用软件应能调整电机速度曲线、门体夹紧力阈值、重复开关门延迟时间和重复开关门次数等参数，并应具有故障自动诊断、自动报警的功能。

16.5 供电与接地

16.5.1 站台门系统应按一级负荷供电，应设置备用电源。驱动电源和控制电源的供电回路宜相互独立，控制电源模块宜采用 N+1 的冗余方式进行配置。

16.5.2 站台门备用电源容量应能满足在 30 min 内至少完成开、关滑动门 3 次的需要。

16.5.3 驱动电源、控制电源与外电源的隔离阻抗不应小于 5 MΩ。

16.5.4 驱动电缆、控制电缆应采用不同线槽或同槽分室敷设。

16.5.5 站台门设备室设备应可靠接地，接地电阻不应大于 1 Ω。

16.5.6 每侧站台门应保持整体等电位，应通过接地端子接地，接地电阻不应大于 1 Ω。

17 车辆基地

17.1 一般规定

17.1.1 车辆基地设计应包括车辆段(停车场)、综合维修中心、物资总库、培训中心和其他生产、生活、办公等配套设施。

17.1.2 车辆基地设计应初、近、远期结合，分期实施，并兼顾资源共享。用地范围应按远期规模确定，应以周界围墙以外 1 m 作为征地范围。

17.1.3 车辆基地的选址应符合下列要求：
 1 用地应与城市总体规划协调一致。
 2 应有良好的接轨条件。
 3 用地条件应满足功能和布置的要求，并具有远期发展余地。
 4 应具有良好的自然排水条件。
 5 应便于城市给排水及天然气管线的引入和城市道路的连接。
 6 宜避开工程地质和水文地质不良的地段。

17.1.4 车辆基地设计应贯彻节约用地、节约能源和资源的方针。

17.1.5 车辆基地设计应有完善的消防设施。总平面布置、房屋设计和材料、设备的选用等应符合现行国家标准《建筑设计防火规范》GB 50016、《地铁设计防火标准》GB 51298 的有关规定。

17.1.6 车辆基地设计应对所产生的废气、废液、废渣和噪声等进行综合治理，并应符合国家相关标准的规定。环境保护设施应与主体工程同时设计、同时施工、同时投产。

17.1.7 车辆基地对既有河道、水利设施、既有道路及重要管线迁改时,应取得水利、水务及市政相关部门的认可,相关迁改工程应与本工程同时施工。

17.1.8 车辆基地应具有外来物资、设备及新车进入的运输条件;车辆基地内应有运输、消防道路和必要的回车设施,宜有不少于2个与外界道路相连通的出入口。

17.1.9 车辆基地进行上盖开发综合利用时,应明确开发内容、性质和规模,进行技术经济比较和效益分析。总平面布置应在保证车辆基地功能和规模的基础上,对车辆基地的各项设备、设施与物业开发的内容进行统一规划,应实现车辆基地内外道路的合理衔接及相关市政配套设施的合理规划。

17.2 车辆段与停车场的功能、规模及总平面布置

17.2.1 车辆段与停车场设计应以车辆的技术条件和参数为依据。

17.2.2 车辆检修宜采用日常检查和定期检修相结合的检修制度。车辆检修修程和检修周期应符合表17.2.2的规定。

表17.2.2 车辆检修修程和检修周期

检修等级	检修周期		检修时间(d)
	按时间	按里程(万km)	
五年检	5年	60	25
年检	1年	12	10
半年检	0.5年	6	5
三月检	3个月	3	2
月检	1个月	1	1
周检	1周	0.25	0.5
日检	每天	—	—

17.2.3 车辆段与停车场的功能与设置应符合下列要求：

1 车辆段承担车辆的五年检、年检、半年检、三月检、月检、周检、日检和停车作业。

2 停车场承担日检和停车作业，必要时可承担三月检、月检、周检和临修作业。

3 网络中有2条及以上运营胶轮路轨系统的线路时，应实现车辆检修资源共享。

17.2.4 车辆段各修程工作量计算时，应计入检修不平衡系数。检修不平衡系数应符合下列规定：

1 三月检、月检、周检应为1.2。

2 半年检、年检和五年检应为1.1。

17.2.5 车辆段内设备的大修宜就近委托专业工厂承担。有条件时，车辆的高级修程也可委托车辆制造厂或修理厂承担。

17.2.6 车辆段与停车场出入线的设计应符合下列要求：

1 出入线宜在车站接轨，宜选择线路的终点站或折返站作为接轨站；可结合车辆基地的位置和接轨条件，布置两站接轨。

2 出入线应按双线、双向运行设计，应避免切割正线；规模小的停车场出入线可按单线设计。

3 出入线与正线间的接轨形式应满足正线设计运能要求。

17.2.7 应根据车辆运用和检修作业要求，在综合考虑综合维修和物资仓储等其他设施的布局，以及道路、消防、管线、绿化、环保、气象条件等要求基础上，设计总平面布置。建筑朝向宜满足通风采光要求。

17.2.8 车辆基地的生产房屋设置，应以停车列检库和检修库为核心，与运用和检修作业关系密切的辅助生产房屋宜分别布置在相关车库的附跨或邻近处。作业性质相同或相近的房屋宜合并设置。检修库和独立设置的周月检库宜与停车列检库贯通布置。

17.2.9 车辆基地内线路和厂房，根据作业性质划分为有人区和无人区。无人区包括出入线、洗车线、停车列检库线等线路，具备全自动运行功能;周月检线、年检线、五年检线、试车线、特种车库线、部件车间、生产附跨等属于有人区。无人区与有人区之间应设明确的区域划分和隔离设施,应设置信号转换轨、司机上下车平台等设施。

17.2.10 产生噪声、冲击震动或易燃易爆的车间宜单独布置;产生粉尘、有毒或有害气体的车间或设施宜布置在常年主导风向的下风侧,并宜远离生活办公区。

17.2.11 车辆基地应根据生产和管理的需要,配备相应的辅助生产房屋和办公楼、食堂、浴室、职工更衣休息室及卫生设施,以及汽车停车场和自行车棚等配套设施。

17.2.12 车辆基地应设围蔽设施,其设计宜结合周围的环境,选用安全、实用、美观的材料和结构形式。围蔽设施高度不应低于3.0 m。

17.2.13 车场线包括运用库线和检修库线、特种车库线、试车线、洗车线、吹扫线、待修车和修竣车存放线、走行线、牵出线等,应根据作业需要设置。

17.2.14 车场线的线路平面及纵断面设计应符合下列规定:

 1 出入线应符合下列要求:

  1）最小曲线半径一般为 80 m,困难处 50 m;

  2）圆曲线最小长度 15 m,困难处不应小于一节车辆轴距;

  3）线路最大坡度为 60‰;

  4）竖曲线最小长度不宜小于 15 m。

 2 试车线宜为平直线路,应根据车辆性能、参数和试车综合作业的要求计算确定有效长。

 3 车场其他线路宜为平坡道,最小曲线半径不应小于 22 m。

17.3 车辆运用整备设施

17.3.1 应根据生产需要配备停车列检库(棚)和列车清洗洗刷

及相应线路和必要的办公、生活房屋和设施。

17.3.2 停车列检库(棚)的规模应按近期规模建设,预留远期发展条件。当扩建困难时,可按远期规模一次建成。

17.3.3 库型为尽端式布置时,停车列检线应按一列两列位设计;库型为贯通式布置时,停车列检线应按一线三列位设计。

17.3.4 停车列检库内安装供电轨并且分列位控制。应设置送电和断电状态下的声响警示或色灯,红色为送电状态,绿色为断电状态。

17.3.5 停车列检库线间距 4.8 m。列检列位采用架空运行道,形成"泳池式"检查坑。设计应符合下列规定:

1 检查坑底标高-1.50 m,坑内应有良好的排水设施。

2 检查坑两端应设阶梯踏步。

3 检查坑的长度不应小于下式的计算值:

$$L_j = L + 7 \quad (17.3.5)$$

式中:L_j——检查坑长度(m);

　　L——列车长度(m);

　　7——附加长度(m),包括停车误差 1 m 和检查坑两端阶梯踏步各 3.0 m。

4 检查坑内,每股架空运行道下方应设动力及安全照明插座和照明灯具。

17.3.6 停车列检库(棚)长度不应小于下式的计算值:

$$L_{tk} = 8 + (L+1) \times (N-1) + 12 \times (N-1) + L_j + 12 + 4.5 \quad (17.3.6)$$

式中:L_{tk}——停车列检库长度(m);

　　8——停车库两端横向通道总宽度(m);

　　L——列车长度(m);

　　N——停放列车数量,尽端式车库为 2,贯通式车库为 3;

　　1——停车误差(m);

12——停车列位与列检检查坑之间的距离,以及列检检查坑与固定车挡之间的距离(m);

4.5——车挡安装距离(m)。

17.3.7 停车列检库位于无人区,应对库房进行安全设计。

17.3.8 车辆基地应设机械洗车设施,包括洗车机、洗车线路和生产房屋,应符合下列要求:

1 洗车线(库)应位于无人区。

2 应满足车辆两侧和端部的洗刷要求,并应具有清水清洗及化学洗涤剂功能。宜采用"列车静止、设备移动"洗车工艺。

3 洗车线路宜布置在入段线侧,可与出入线咽喉区并列,也可与停车列检库并列。

4 洗车库(棚)的宽度和高度应根据移动式洗车机的作业要求确定。

5 应根据洗车设备的要求配备辅助生产房屋。

6 洗车库(棚)长度应按下式计算确定:

$$L_{xk}=L+30 \quad (17.3.8)$$

式中:L_{xk}——洗车库长度(m);

L——列车长度(m);

30——洗车库附加长度(m)。

17.3.9 车辆基地应根据车场线路布置和作业需要设牵出线,其数量应根据作业量确定。

牵出线的有效长度不应小于下式的计算值:

$$L_q=L+L_n+10 \quad (17.3.9)$$

式中:L_q——牵出线有效长度(m);

L——列车长度(m);

L_n——调车机车长度(m);

10——牵出线终端安全距离(m)。

17.3.10 车辆基地内列车运转调度、检修调度和防灾调度宜合并设置为车辆段调度中心(DCC)。调度中心应设站场信号和正线行车调度作业的显示装置。

17.4 车辆检修设施

17.4.1 车辆检修设施包括五年检库、年检库、半年检库、周月检库以及必要的部件检修车间。以上车库和车间可组合而成检修库,周月检库也可独立设置。

17.4.2 检修库应按近期规模建设,并预留远期发展条件。当扩建困难时,可按远期规模一次建成。

17.4.3 厂房的布置应满足工艺流程和检修作业的要求。

17.4.4 周月检库和检修库均不设接触轨,可设滑触线牵引列车出入库,或通过牵引车推送列车出入库。

17.4.5 周月检库库线间距为 6.0 m。周月检库设架空式运行道,形成"泳池式"检查坑。每股运行道两侧设置车顶作业平台和中间作业平台。应符合下列规定:

  1 库线宜一线一列位布置。

  2 检查坑底标高与股道两侧地面标高相同,均为 -1.50 m。两端设踏步和斜坡道,坑内应有良好的排水设施。

  3 车顶作业平台和中间作业平台两侧应有安全防护设施。

  4 周月检库长度,可按下式计算:

$$L_{yk}=(L+13.5)+4.5+8 \qquad (17.4.5)$$

式中:L_{yk}——周月检库计算长度(m);

   L——列车长度(m);

   13.5——检查坑附加长度(m),包括停车误差 1 m、检查坑一端阶梯踏步 3.0 m、另一端斜坡 9.5 m;

   4.5——车挡安装距离(m);

   8——周月检库两端横向通道总宽度(m)。

17.4.6 周月检线应设调试用外接电源设备。

17.4.7 周月检库应设置附跨,配备运转值班、运行管理、各类班组、保安值班、客室清扫、车载设备检测、工具存放、售后服务、备品贮存、更衣休息等房屋。需要运输车辆进出的房间大门开启尺寸,应满足运输车辆进出、转弯等要求。

17.4.8 检修库线间距7.5 m。列位长度按下式计算:

$$L_j = L + (B-1) \times 5 \qquad (17.4.8\text{-}1)$$

式中:L——列车长度(m);

B——车辆编组数量;

5——车辆之间的作业距离(m)。

车库长度按下式计算:

$$L_{jk} = L_j \times N + (N-1) \times 6 + 8 \qquad (17.4.8\text{-}2)$$

式中:N——每股库线所容纳的列位数;

6——列位之间的距离(m);

8——库内两端横向通道总宽度(m)。

17.4.9 检修库内应配置以下工装设备:起重机、架车机、移动式升降平台、千斤顶、转向架解体设备、轮胎压力检测设备、轮胎脱装设备、轮胎搬运台车、充气设备、氮气罐等。

17.4.10 检修库内导向轨应为可拆卸式异型轨,方便进行列车架车和落车作业。

17.4.11 车辆基地应设试车线,长度满足列车运行性能试验要求。段内完成车辆动力运行试验后,也可在正线上完成高速运行性能和有关信号的试验。

17.4.12 车辆基地应配备调车机车和调机库,设计应符合下列规定:

1 调车机车的台数应能满足段内调车作业的需要,并应有1台备用机车。

2 调机牵引能力应满足牵引远期一列车在空载状态下通过

全线最大坡度地段的要求。

3 应按远期配备调车机车台数和清扫车台数确定调机库规模,库内宜有1个台位的检查坑,应根据作业需要设1台2t单梁起重机和必要的检修设施。

17.4.13 车辆基地蓄电池间设计应符合下列要求:

1 蓄电池间的规模应满足列车车辆蓄电池充、放电需要,并承担段内调车机车、工程车、蓄电池搬运车的蓄电池充电。

2 蓄电池间应设有电源室、充电室、储存室。

17.4.14 车辆基地电器间、制动间和空调检修间,应根据其作业要求配备相应的检修设备和起重运输设备。

17.4.15 车辆基地应设材料、备品仓库,并应配备起重和运输设备。

17.5 综合维修中心

17.5.1 综合维修承担工务、建筑、供电、机电、通信、信号和自动化设备以及系统的运用、维修、巡检、抢修和管理,并根据任务量配套设施设备。

17.5.2 综合维修宜采用系统和设备的定期检查和状态修相结合的检测和维修制度,检修模式以零部件更换为主,零部件的修理在综合维修中心各专业的维修车间进行,机电设备的大、中修宜采用委外修模式。

17.5.3 综合维修中心设置以下车间:工务维修车间,包括轨道车间、结构车间、桥梁车间、监护车间;供电维修车间,包括变电运行车间、变电检修车间、接触轨检修车间;通信信号维修车间,包括通号车间、信息车间、无线车间、检修车间。

17.5.4 综合维修应根据生产需要配备生产房屋、仓库和必要的生活办公房屋。其中,生活办公房屋宜合并设置。

17.5.5 综合维修应与车辆基地统筹设计、使用仓库、工程车库、生活办公等设施设备。

17.5.6 救援工程车及走行面清洁及巡检等作业车均应配备车载信号设备,具备列车定位、间隔控制、停车点防护和超速保护功能。

17.6 物资总库

17.6.1 应建立车辆基地的材料、配件、备品、设备、机具、工器具及劳保用品等的采购、存放、发放和管理工作在内的物资总库。

17.6.2 物资总库应负责胶轮路轨车辆轮胎报废以及旧轮胎的临时存放,以及新轮胎的采购、存放和保管。

17.6.3 物资总库宜包括物资仓库、车间备品库、易燃品库、材料棚、堆场等设施。

17.6.4 物资仓库宜靠近生产区域布置,应具备汽车运输道路与外界公路连通条件。

17.7 培训中心

17.7.1 在既有城市轨道交通网络中新建胶轮路轨系统线路,宜充分利用既有培训设备设施开展胶轮路轨系统的培训工作,并服从于既有网络培训中心的统一管理。针对胶轮路轨系统特有技术,可结合车辆运用检修业务、供电轨/导向轨巡检养护、道岔养护维修等工作开展技能培训,结合控制中心的调度指挥,兼顾员工的日常培训。

17.7.2 当城市或地区采用胶轮路轨系统构建轨道网络时,培训中心设置原则应遵循现行地铁设计规范相关规定。

17.8 救援设施

17.8.1 应具备应对运行列车脱轨、追尾、相撞、颠覆、脱钩、断全线最大坡度地段的要求。

3 应按远期配备调车机车台数和清扫车台数确定调机库规模，库内宜有1个台位的检查坑，应根据作业需要设1台2 t单梁起重机和必要的检修设施。

17.4.13 车辆基地蓄电间设计应符合下列要求：

1 蓄电池间的规模应满足列车车辆蓄电池充、放电需要，并承担段内调车机车、工程车、蓄电池搬运车的蓄电池充电。

2 蓄电池间应设有电源室、充电室、储存室。

17.4.14 车辆基地电器间、制动间和空调检修间，应根据其作业要求配备相应的检修设备和起重运输设备。

17.4.15 车辆基地应设材料、备品仓库，并应配备起重和运输设备。

17.5 综合维修中心

17.5.1 综合维修承担工务、建筑、供电、机电、通信、信号和自动化设备以及系统的运用、维修、巡检、抢修和管理，并根据任务量配套设施设备。

17.5.2 综合维修宜采用系统和设备的定期检查和状态修相结合的检测和维修制度，检修模式以零部件更换为主，零部件的修理在综合维修中心各专业的维修车间进行，机电设备的大、中修宜采用委外修模式。

17.5.3 综合维修中心设置以下车间：工务维修车间，包括轨道车间、结构车间、桥梁车间、监护车间；供电维修车间，包括变电运行车间、变电检修车间、接触轨检修车间；通信信号维修车间，包括通号车间、信息车间、无线车间、检修车间。

17.5.4 综合维修应根据生产需要配备生产房屋、仓库和必要的生活办公房屋。其中，生活办公房屋宜合并设置。

17.5.5 综合维修应与车辆基地统筹设计、使用仓库、工程车库、生活办公等设施设备。

17.5.6 救援工程车及走行面清洁及巡检等作业车均应配备车载信号设备,具备列车定位、间隔控制、停车点防护和超速保护功能。

17.6 物资总库

17.6.1 应建立车辆基地的材料、配件、备品、设备、机具、工器具及劳保用品等的采购、存放、发放和管理工作在内的物资总库。

17.6.2 物资总库应负责胶轮路轨车辆轮胎报废以及旧轮胎的临时存放,以及新轮胎的采购、存放和保管。

17.6.3 物资总库宜包括物资仓库、车间备品库、易燃品库、材料棚、堆场等设施。

17.6.4 物资仓库宜靠近生产区域布置,应具备汽车运输道路与外界公路连通条件。

17.7 培训中心

17.7.1 在既有城市轨道交通网络中新建胶轮路轨系统线路,宜充分利用既有培训设备设施开展胶轮路轨系统的培训工作,并服从于既有网络培训中心的统一管理。针对胶轮路轨系统特有技术,可结合车辆运用检修业务、供电轨/导向轨巡检养护、道岔养护维修等工作开展技能培训,结合控制中心的调度指挥,兼顾员工的日常培训。

17.7.2 当城市或地区采用胶轮路轨系统构建轨道网络时,培训中心设置原则应遵循现行地铁设计规范相关规定。

17.8 救援设施

17.8.1 应具备应对运行列车脱轨、追尾、相撞、颠覆、脱钩、断钩、轨靴故障等中断运营的事故应急救援能力。

17.8.2 应具备应对水灾、火灾、供电线路短路、供电绝缘子破损、信号系统故障等中断运营的灾害应急抢修能力。

17.8.3 车辆基地应设置救援办公室,综合维修抢修各专业应设置值班室,分别配备电钟、自动电话、控制中心调度电话以及无线对讲设备等设施。救援队和抢修队应按照"统一指挥,专常兼备,平战结合"原则组成。

17.8.4 列车救援和综合维修抢修,应可通过道路和轨道两种途径进入事故现场。

17.9 场区排水

17.9.1 站场线路路肩高程,应综合考虑基地内涝水位和周边道路高程等因素进行设计。

17.9.2 路基排水系统应符合下列要求:

1 站场路基排水系统宜采用重力自流排水方式,有条件时应排入城市排水系统。段内排水设备应采用排水沟、排水管相结合的形式。建筑密集区应采用暗管排水,股道间应采用盖板排水沟。

2 检查坑和室外电缆沟的排水宜采用重力自然排水方式,困难时应采用集中机械提升排水方式排入路基排水系统、城市排水管网或附近河沟;水流径路应短而顺直。

3 排水设备的数量和规格,应根据地区年降雨量、站场汇水面积、路基纵横断面和出水口等因素确定。

4 道岔基坑不应积水。基坑外应设置截水沟,基坑内最低点应设置集水坑和潜水泵。

18 控制中心

18.1 一般规定

18.1.1 为确保列车安全、可靠和高效的运行,对胶轮路轨线路运营过程实施集中监控和管理,应设立运营控制中心(OCC)。

18.1.2 控制中心的位置宜选择靠近车站和接近监控管理对象的中心地带,可设在车辆基地等便于集中管理的场所。当与其他线路合建时,宜选择在能兼顾多条线路的地方。

18.1.3 控制中心应具有高度安全性和可靠性,可设置为独立专有建筑;与其他用途的建筑合用时,控制中心应设独立的进出口通道。

18.1.4 控制中心应建立与全自动运行模式相适应的管理及操作模式,应具备下列功能:

  1 对线路上所有运行车辆、车站、车辆基地和区间实施集中的指挥、调度、监视、协调、控制和管理等工作。

  2 对正线运行列车实现行车指挥自动化,并实时做好列车运行与车站客运作业过程的协调、列车运行与车辆基地有关作业的协调等工作。

  3 实现客流、票务及财务的报表统计和收益审核,并能对自动售检票系统进行监控。

  4 对全线的环境状况及车站设备的运行状态实现监控;在紧急情况下,系统可根据应急中心的相应决策及系统预案的提示向车站发出控制指令,辅助抢险和救援等工作。

  5 实现对全线电力系统的远程集中监控,并完成中心级统一的电力调度。

6 实现线路与轨道交通网络运营综合协调,与应急中心、与外界相关系统的信息联系、汇集、处理、交换和转发等工作,直接服务于运营管理和乘客服务。

7 对车站站台上、正线运行列车上的乘客提供服务功能,在进行必要监视的同时,实现与乘客间的交互通信、援助以及事故防灾处置等。

8 对正线运行列车实现广播、视频监控、应急通话等功能。

9 对正线运行列车具备远程紧急制动功能,如列车紧急断电、紧急停车等,并宜联动列车广播及 PIS 系统。

10 实现对紧急状态下的应急预案和操作程序,进行监控管理。

18.1.5 控制中心应设置火灾自动报警、环境与设备监控、火灾事故广播、自动灭火、水消防、防排烟等系统。多线路中央控制室应设置自动灭火系统。

18.2 工艺设计

18.2.1 控制中心工艺设计应明确功能定位、建设规模、运营管理模式、组织架构及定员。

18.2.2 控制中心工艺设计应符合下列要求:

1 控制中心宜划分为运营监控区、运营管理区、设备区、维修区以及辅助设备区。各功能区的划分应结合实际的运作模式和管理模式设置。

2 运营监控区和运营管理区应相邻设置;设备区应集中设置,应靠近运营监控区,且不应与运营管理区混合布置。维修区宜靠近设备区。

18.2.3 控制中心调度大厅的设计应符合下列要求:

1 调度大厅宜分为操作员区域、运行协调和分析区域、应急处置区域等。

2 调度员座席应设置在操作区域内,宜根据分工进行分布式布局;其他管理层宜设在调度员身后的协调与应急处置区域。

3 对于多线集中管理情况下,大厅设置应实现网络资源共享。

4 调度大厅如设置参观接待室,应设置安全分隔区,并设置报警或门禁设施。

18.2.4 应根据全自动运行模式建立控制中心操作模式,并应符合下列要求:

1 在控制中心内实现调度集中、统一指挥,并保证安全行车工作和运行指挥自动化。

2 应体现系统集成,以加强控制中心对突发事件的决策分析和应变处理能力。

3 应按操作模式来决定控制中心运营管理组织及定员。

4 运营管理组织宜设置控制中心主任、值班调度主任、调度员三级。调度员宜分为正线调度员、车辆基地调度员、车站调度员及乘客服务调度员,且均能负责行车和客运、电力、环控、安防、防灾应急、维修调度等。

5 应设置多职能在线巡查队,受控制中心直接调派,随时处置可能发生的故障、事故以及乘客援助等。

18.2.5 应在满足调度员所需综合信息显示的前提下,有效控制显示屏规模。

18.2.6 控制台应满足运营调度的操作要求和实现控制功能;布局设计应符合现行国家标准《电子设备控制台的布局、型式和基本尺寸》GB/T 7269 的要求;系统设计除应满足各系统设备的工艺要求外,还应符合建筑、结构、防火等现行标准的规定。

19 防灾与安全

19.1 一般规定

19.1.1 应贯彻"安全第一、预防为主,平灾结合"的工作方针,采取各种有效的预防和救灾措施,保证人员的生命与健康的安全,保证列车和设备运营的安全。

19.1.2 为提高城市轨道交通系统抵抗风险和危害的能力,以预防为主,在工可、总体和初步设计阶段应开展防灾安全设计。

19.1.3 应具有应对火灾、水淹、风灾、冰雪、地震、雷击、恐怖袭击和脱轨、撞车、断轨等重大运营事故的设施和措施。

19.1.4 每条线路应建立独立的防灾、救灾系统;一条线路、换乘车站及相邻区间应按同一时间发生一次灾害考虑。

19.1.5 应设立网络级、线路级、车站级三级构架的安防体系,制定安全系统与紧急救灾预案,负责防灾调度指挥及救援事宜,并具有与上一级防灾指挥中心联网通信的功能,服从上海市有关安全反恐指挥中心的统一指挥和调动。

19.1.6 车站站台、站厅和出入口通道的乘客疏散区内不得设置商业场所。除地铁运营、服务设备、设施外,不得设置妨碍乘客疏散的设施设备及其他物体。

19.1.7 应采用质量可靠、技术合理的设备网络和通信系统,并应符合国家有关标准要求;对可能危及人身安全的电器设备,应采取安全防护措施。

19.1.8 车站内楼梯(自动扶梯)和疏散通道的通过能力,应保证在远期高峰小时发生火灾情况下,将一列进站列车所载的乘客和站台上候车的乘客在 6 min 内全部撤离至安全区域。

19.1.9 车站的紧急疏散标志的设置应符合现行国家标准《消防安全标志》GB 13495 的规定。

19.1.10 结构和设备的抗震设计应执行国家和本市现行有关抗震规范的规定。

19.1.11 乘客疏散经过的轨道区应属于安全区,并应具备下列条件:

　　1 线路设有停电保护设施,能及时停电,轨道上无任何列车运行。

　　2 设有通向车站的步行通道,有利于乘客逃生或外来救援。

19.2 建筑防灾

19.2.1 建筑耐火等级应符合下列规定:

　　1 车站及区间的建(构)筑物,耐火等级不得低于二级。

　　2 控制中心建筑耐火等级应为一级。

　　3 车辆基地内建筑的耐火等级应根据其使用功能,按照现行国家标准《建筑设计防火规范》GB 50016 的规定确定。停车列检库生产火灾危险性分类定义为戊类。

19.2.2 车站站厅公共区采用机械排烟时,防火分区的最大允许建筑面积不应大于 5 000 m²,其他部位每个防火分区的最大允许建筑面积不应大于 2 500 m²

19.2.3 车站建筑防烟、防火隔断措施应符合下列规定:

　　1 车站站厅、站台公共区应划分防烟分区,每个防烟分区的建筑面积不宜大于 2 000 m²,且不应跨越防火分区。

　　2 车站的出入口天桥与相邻建筑物连接的门洞处,宜设置防止火势蔓延的分隔措施。

　　3 两个防火分区间应采用耐火极限不低于 3 h 的防火墙和甲级防火门分隔,如防火墙上设有观察窗,应采用 C 类甲级防火玻璃;防火分区楼板的耐火极限应不低于 1.5 h。

4 双层和多层车站站台与站厅敞开楼梯口四周、单层车站跨线通道楼梯口部应设置挡烟垂壁,其下缘至楼梯踏步面的垂直距离不应小于2 300 mm。

5 挡烟垂壁应采用耐火极限不小于0.5 h的不燃材料,自吊顶面下垂高度不小于500 mm且伸至结构板底。当采用漏空率较高的隔栅吊顶时,挡烟垂壁应从结构顶板底下垂至吊顶面。

6 防火卷帘与建筑构件之间的缝隙以及管道、电缆、风管等穿过防火墙、楼板以及防火分隔物时,应采用防火封堵材料将空隙填塞密实,并达到防火分隔物的耐火极限。

7 疏散用的扶梯不应穿越设备用房,其下部也不宜布设房间;如必须设置,应用防火分隔物与扶梯隔开,围护墙体和顶板的耐火极限应符合本标准的要求。

8 重要设备用房应以耐火极限不低于2.0 h隔墙和耐火极限不低于1.5 h的楼板与其他部位隔开。

19.2.4 安全出口、楼梯和疏散通道应符合下列规定:

1 车站每个站厅公共区安全出入口数量应经计算确定,并应设置不少于2个直通地面的安全出入口。安全出入口应分散布置,当同方向设置时,两个安全出口通道口部净距不应小于10 m。

2 站台和站厅公共区内任意一点,与安全出口疏散的距离不得大于50 m。当地面站厅只有1个出入口时(间隔小于10 m的2个或多个连续出入口算作1个出入口),应在公共区出入口远端设置消防疏散口。

3 车站通道、出入口内及口部附近区域,不得设置和堆放任何有碍乘客紧急疏散的设备及物品。

4 站厅付费区与非付费区之间的栅栏应设适当数量的疏散门,疏散门应采用错开设置的平开门,门的总宽应根据计算而定,且不应小于1.4 m。

5 车站设备及管理用房区安全出口、楼梯、疏散通道的最小净宽应符合下列规定：
- 1）设备及管理用房区安全出口及楼梯为 1.2 m；
- 2）单面布置房间的疏散通道为 1.2 m；
- 3）双面布置房间的疏散通道为 1.5 m；
- 4）附设于设备及管理用房的门至最近安全出入口的距离不应超过 40 m，位于尽端封闭通道两侧或尽端的房间，其最大距离不得超过 22 m。

6 长度超过 100 m 的通道中间应加设消防疏散口，通道内最远一点到疏散口距离不应超过 50 m。

19.2.5 地下车站的出入口、风亭（井）、电梯、采光窗井、消防专用出入口、地上车站及其附属建筑与周边建筑物、储罐（区）、汽车加油加气站、燃气调压站、液化石油气气化站、混气站和城市液化石油气供应站瓶库等之间的防火间距应满足国家现行标准的有关规定。

19.2.6 车站的装修材料应符合下列规定：

1 车站公共区的墙面、顶棚的装修材料以及垃圾箱应采用 A 级不燃性材料，地面应采用不低于 B1 级难燃性材料；设备与设备管理区内的装修材料，应符合现行国家标准《建筑内部装修设计防火规范》GB 50222 的有关规定。

2 车站公共区的广告灯箱、导向标志、休息椅、电话亭、售检票机等固定服务设施的材料，应采用不低于 B1 级难燃材料；装修材料不得采用石棉、玻璃纤维、塑料类等制品。

19.3 消防给水和灭火设施

19.3.1 消防水源应采用市政给水管网供给，当沿线无市政供水时，可采用其他能够保证供水安全的消防水源。

19.3.2 消防给水系统的供水方式应满足下列要求：

1 车站消防给水系统的进水管不应少于 2 条，并宜从 2 条市政给水管道引入，每条进水管道的供水量均应保证全部消防水量。当车站周边仅有1条市政枝状给水管道，或市政管道提供的流量不能满足消防供水需求时，应设置消防水池。

2 换乘车站消防给水系统宜采用一套系统。

3 地面车站、高架车站消火栓给水系统采用消防泵加压供水时，应设置稳压装置及气压罐，可不设高位水箱。

19.3.3 消火栓系统给水管道的设置应符合下列要求：

1 车站内消火栓系统管网应布置成环状，当室外消火栓设计流量不大于20 L/s，且室内消火栓不超过10个时，可布置成枝状。

2 室内消火栓环状管网应有2根进水管与城市自来水环状管网或消防水泵连接。

3 从环状管网接出的枝状管道上设置的消火栓数量不应超过4个。

19.3.4 室内消火栓的设置应符合下列要求：

1 室内消火栓口径应为DN65，水枪喷嘴直径应为19 mm，每根水龙带长度应为25 m，栓口距离地面和楼板面高度应为1.1 m。

2 室内消火栓宜采用单口单阀消火栓箱，困难地段可采用双口双阀消火栓箱。

3 室内消火栓的布置应保证每个防火分区同层有2只水枪的充实水柱同时到达室内任何部位。

4 室内消火栓的静水压力、出水压力及水枪充实水柱长度均应符合现行国家标准《消防给水及消火栓系统技术规范》GB 50974的有关规定。

5 室内消火栓的间距应按计算确定，但单口单阀消火栓不应超过30 m，双口双阀消火栓不应超过50 m。

6 车站、车辆基地的消火栓与灭火器宜共箱设置，箱内应配备衬胶水龙带和水枪、自救式消防软管卷盘和灭火器。

7 当消火栓系统由消防水泵加压供水时，消火栓处应设水泵启动按钮。

19.3.5 车站室外及高架区间消防设施应符合下列要求：

1 建筑高度超过 24 m 的车站应设置水泵接合器。应按室内消防用水量经计算确定水泵接合器的数量，每个水泵接合器的流量应按 10 L/s～15 L/s 计算，并在其 15 m～40 m 范围内设置地上式室外消火栓。

2 区间所经过的区域如无市政消火栓时，宜在区间投影下方的检修道边设置区间消防管，并按市政消防设施的要求设置室外消火栓。

19.3.6 控制中心通信、信号机房、综合监控设备室、自动售检票机房、计算机数据中心应设置自动灭火系统。地面、高架车站、车辆基地自动灭火系统的设置，应执行现行国家标准《建筑设计防火规范》GB 50016 的有关规定。

19.3.7 当选用气体灭火系统时，宜选择组合分配全淹没气体灭火系统。困难条件下，可选用全淹没无管网自动灭火系统。

19.3.8 灭火器的配置应执行现行国家标准《建筑灭火器配置设计规范》GB 50140 规定的严重危险级。

19.3.9 消防给水系统管网上的阀门设置，应符合现行国家标准《消防给水及消火栓系统技术规范》GB 50974 的有关规定。

19.3.10 消防水泵、稳压泵及气压罐的性能应符合现行国家标准《消防给水及消火栓系统技术规范》GB 50974 的有关规定。

19.3.11 管材及附件的设置应符合下列规定：

1 室内消防管宜采用热镀锌钢管或经国家固定灭火系统质量监督检验测试中心检测合格的其他管材。

2 室外埋地消防管宜采用球墨给水铸铁管。

3 当消防给水管道接口采用柔性连接方式明装敷设时，应在转弯处设置固定设施或采用法兰接口。

19.3.12 消防设备的监控应符合下列要求：

1 应在车站消防控制室显示消火栓泵的运行状态、手/自动状态、故障状态;在车站消防控制室应能控制消防泵的启停,消防泵应采用消火栓起泵按钮启动、管网压力自动启动、就地手动控制启停及车站消防控制室远程启停的控制方式。

2 应在车站消防控制室显示喷淋泵的运行状态、手/自动状态、故障状态,在车站消防控制室应能控制喷淋泵的启停,喷淋泵应采用湿式报警阀压力开关启动、就地手动启停及车站消防控制室远程启停的控制方式。

3 应在车站消防控制室显示稳压泵的运行状态、手/自动状态、故障状态,在车站消防控制室显示稳压设备的工作状态。稳压泵采用管网压力自动启停、就地手动启停的控制方式。

4 自动灭火系统应具备自动控制、手动控制及紧急机械操作3种启动功能。

19.4 防烟与排烟

19.4.1 下列场所应设置防烟、排烟设施:
  1 车站设备区管理区内长度大于20 m的内走道。
  2 防烟楼梯间及其前室、避难走道及其前室。

19.4.2 防烟、排烟系统的设计应符合下列规定:
  1 地上车站宜采用自然排烟方式,不符合自然排烟要求的场所应设置机械排烟设施。

  2 采用自然排烟的车站,外墙上方或顶盖上可开启排烟口的有效面积不应小于所在场所地面面积的2%,且区域内任一点至最近自然排烟口的水平距离不应大于30 m;常闭的自然排烟口(窗)应设置自动和手动开启装置。

  3 设置机械加压送风系统的封闭楼梯间、防烟楼梯间顶部应设置固定窗。

19.4.3 设备管理区内每个防烟分区的最大允许建筑面积不应大于750 m^2;防烟分区不应跨越防火分区。

19.4.4 排烟风机及风管的风量应符合下列规定：

1 排烟量按各防烟分区的建筑面积不小于 60 m³/(m²·h)分别计算。

2 当防烟分区中包含轨道区时,应按列车火灾规模计算排烟量。

3 排烟风机的风量应按所负担的防烟分区中最大一个防烟分区的排烟量、风管(道)的漏风量及其他防烟分区的排烟口或排烟阀的漏风量之和计算。

4 排烟风机的风量不应低于 7 200 m³/h。

19.4.5 机械排烟系统的排烟口和排烟阀的设置应符合下列规定：

1 排烟口和排烟阀应按防烟分区设置。

2 防烟分区内任一点至最近排烟口的水平距离不应大于 30 m。

3 排烟口底边距挡烟垂壁下沿的垂直距离不应小于 0.5 m,水平距离安全出口不应小于 3.0 m。

4 排烟口的风速不宜大于 7.0 m/s。

5 正常为关闭状态的排烟口和排烟阀,应能在火灾时联动自动开启。

6 建筑面积小于或等于 50 m² 且需要机械排烟的房间,排烟口可设置在相邻的走道内。

19.4.6 排烟区应采取补风措施,并应符合下列规定：

1 当补风通路空气总阻力不大于 50 Pa 时,可采用自然补风方式,且应保证火灾时补风通道畅通。

2 当补风通路空气总阻力大于 50 Pa 时,应采用机械补风方式,且机械补风的风量不应小于排烟风量的 50%,不应大于排烟量。

3 补风口宜设置在与排烟空间相通的相邻防烟分区内;当补风口与排烟口设置在同一防烟分区内时,补风口应设置在室内净高 1/2 以下,水平距离排烟口不应小于 10 m。

19.4.7 设置自动灭火系统的设备房应符合下列规定:

　　1 在穿越该房间开设风口的通风管上,应设置动作温度为 70 ℃的防火阀。

　　2 防火阀应能与自动灭火系统的启动联动关闭。

　　3 当灭火介质的相对密度大于 1 时,排风口应设置在该房间的下部。

19.4.8 排烟风机应与排烟口(阀)联动,当任何一个排烟口(阀)开启或排风口转为排烟口时,系统应能自动转为排烟状态;当烟气温度大于 280 ℃时,排烟风机应与风机入口处或干管上的防火阀关闭联动关闭。

19.4.9 排烟风机宜设置在排烟区的同层或上层,并应与补风机、加压送风机分别设置在不同的机房内,排烟管道宜顺气流方向上坡或水平敷设。

19.4.10 地上车站和控制中心及其他附属建筑的排烟风机在 280 ℃时应能连续工作不小于 0.5 h;排烟系统中风阀、消声器和软接头等辅助设备,其耐高温性能不应低于风机的耐高温性能。

19.4.11 机械排烟系统可与正常通风系统合用,合用的通风系统应符合排烟系统的要求,且该系统由正常运转模式转为排烟运行模式的时间不应大于 180 s。火灾时需要运行的风机,从静止状态转为事故状态所需时间不应大于 30 s,从运转状态转为事故状态所需时间不应大于 60 s。

19.4.12 用于防烟和排烟的管道、风口与阀门必须采用不燃材料制作。

19.4.13 防排烟系统的管道应采用金属或其他非土建管道,金属管道内的风速不应大于 20 m/s,非金属管道内的风速不应大于 15 m/s。

19.4.14 下列部位应设防火阀,防火阀的动作温度应根据风管用途确定:

1 垂直风管与每层水平风管相接处的水平管段上。
2 排烟风机的入口处。
3 风管穿越防火分区的防火墙和楼板处。
4 风管穿越有隔墙的变形缝处。

19.5 防灾通信

19.5.1 系统设计应兼顾防灾和救灾需求,成为"平灾结合"的系统。

19.5.2 系统应为防灾和救灾指挥提供必要的通信、技术防范和疏散指引等手段。

19.5.3 紧急电话应实现与公务电话、紧急电话和市话转出话务等的呼入呼出和通话功能。

19.5.4 广播系统应实现与 FAS 系统的联动功能。

19.5.5 广播系统应能在功放、麦克风和扬声器正常工作情况下对全站进行播放。

19.5.6 N-PIS 应能够显示移动电视台播发的防灾救灾信息和 OCC 发出的信息。在需要乘客和其他人员撤离车站时,显示设备应提供撤离信息。

19.5.7 车载乘客信息系统应能够显示移动电视台播发的防灾救灾用信息,车载乘客信息显示设备应能提供撤离信息。

19.5.8 广播系统和 N-PIS 所播出的用于指挥、疏导和通知等各类信息应达到相互一致。对于车载广播和车载乘客信息系统,应有一键通播的功能。

19.5.9 技术防范系统应为防灾和救灾提供视频图像、录像和安防信息。

19.5.10 专用无线通信系统应为参与防灾和救灾的工作人员及其他相关单位人员之间提供畅通的无线通信手段,宜实现与有线用户之间的通话。

19.6 防灾供电及应急照明

19.6.1 消防设备应包括防灾报警系统、消防泵、气体灭火自动装置、排烟风机及风阀、防火卷帘门、挡烟垂帘、消防疏散用扶梯等,均应由两路独立电源供电,在末端配电箱处自动切换。

19.6.2 应急照明包括备用照明和疏散照明。备用照明设置于变电所配电室、车控室、消防泵房、通信机房、信号机房等应急指挥和应急设备应用场所,照度值不应低于正常照明照度值的50%。疏散照明由疏散照明灯、出口标志灯、指向标志灯及疏散导流标志组成,车站公共区疏散照明的照度值不应小于 5 lx。在站厅、站台的出口,车站通向站外的出入口处均应设置出口标志灯;在站厅、站台、楼梯、通道及通道拐弯处附近,均应设指向标志灯。

19.6.3 车站的疏散走道和主要疏散路线的地面或墙上,应设置电光源型和蓄光型疏散指示标志或疏散导流标志。

19.6.4 配线区应设置疏散照明灯,疏散照明的照度不应小于 3 lx。

19.6.5 所有电缆管线穿越墙体、楼板的孔洞处,均应实施阻火封堵。

19.7 火灾自动报警系统

19.7.1 站厅、站台、各种设备机房、库房、值班室、办公室、走廊、配电室、电缆夹层应设火灾自动报警探测器。

19.7.2 公共场所以及长度超过 30 m 的出入口通道应设手动报警器,长度超过 60 m 的出入口通道应设火灾自动报警探测器。

19.7.3 设气体自动灭火的房间应设两种不同灵敏度的火灾自动报警探测器。

19.7.4 停车列检库、检修库、重要设备用房、存放和使用可燃气体用房、可燃物品仓库、变配电室及火灾危险性较大的场所应设火灾自动报警探测器。

19.7.5 车站消防控制室、消防泵房、送排风机房等重要机房以及气体灭火区域门外均应设置固定消防电话。

19.7.6 消火栓箱内应设置报警用的消防启泵按钮。

19.7.7 设置火灾自动报警器的场所应设置手动报警装置,车站公共区和设备管理区内应设置警报装置。

19.7.8 火灾自动报警系统的设置应符合现行国家标准《火灾自动报警系统设计规范》GB 50116 的规定。

19.8 其他灾害预防

19.8.1 建筑工程的防雷措施及电气要求,应执行本标准第 12 章的有关规定。

19.8.2 高架及地面结构抗震设计,除应遵守本标准规定外,尚应符合现行国家抗震设计规范的有关规定。

19.8.3 冰雪天气下,线路指挥中心应指挥扫雪车上道清扫积雪;寒冷地区高架运行道宜装设加热装置,避免结冰。

19.8.4 车站、站厅、站台出入口应考虑防滑要求。

19.8.5 车站、列车、安防控制室、车辆基地等重要部位应结合运营管理设置图像监控系统,图像监控系统应具有录制和保存图像等功能,图像记录保存时间应不少于 90 d。

19.8.6 车站消防控制室、计算机信息中心等重要部位应安装入侵探测器,防区内不应有盲区。

19.8.7 运营控制中心调度厅、车站消防控制室、安防控制室等重要部位应安装门禁系统。

19.8.8 车站消防控制室、OCC 调度大厅等重要部位应设置防盗、防火安全门。车辆基地周界围墙,地面敞开段等重要部位应设高度不低于 3 m 的围墙。

19.8.9 车站消防控制室玻璃等材料应具有防火和抗爆能力。

19.8.10 车站站厅层、办公区域内应设置不少于 1 处的紧急报警按钮。

19.8.11 车站、车辆基地和控制中心的重要设备、管理用房以及重要的通道门、管理区域出入口,以及车站通信、信号、变配电等重要设备机房应设置门禁系统。站台门的端门应设置门禁装置,房间套房间的情况,原则上只在最外面的门设置门禁。门禁及入侵报警系统应集成进入综合监控系统。

19.8.12 车站应具备接收当地气象部门气象预报的功能。

19.8.13 车站应具备接收本地区地震预报的电话报警或网络通信报警功能。

20 环境保护

20.1 一般规定

20.1.1 环境保护设计应结合城市规划及环境保护规划,遵循统一规划、合理布局、以防为主、防治结合、综合治理的原则。

20.1.2 环境保护设计应符合国家及本市环境保护部门现行的相关标准、法规和规范。

20.1.3 环境保护设施应与主体工程相互协调、相互适应,并与主体工程同时设计、同时施工、同时投入使用。

20.1.4 环境保护设施的设计标准、服务范围、设计规模应满足预测的远期客流和最大通过能力的要求,可按近期和远期分期实施。环境保护设施的主体部位或不易改(扩)建的土建工程应按远期需要实施。

20.1.5 环境保护措施应包括轨道、桥梁结构、车辆、风井、冷却塔、变电所及各种动力设备的减振、降噪措施、车站建筑的声学处理等,还包括车站、车辆基地的生活污水、生产废水处理,以及大气污染防治和电磁辐射防护等。

20.1.6 环境保护措施,应优先采用清洁生产工艺和技术、高效节能型设备,严禁使用对环境产生严重污染的设备与材料。

20.2 噪声污染防治

20.2.1 噪声污染的防治应符合现行国家标准《声环境质量标准》GB 3096、《工业企业厂界环境噪声排放标准》GB 12348 等的相关规定。

20.2.2 车辆与轨道以及导向和运行结构及表面的相互作用,应能使列车通过时对周围建筑物和地形传播的噪声和振动达到最小化。胶轮路轨车辆噪声源强为 76 dB(A)。

20.2.3 车站及设备噪声防治应符合下列要求:

1 地下车站站台内列车进、出站噪声应符合现行国家标准《城市轨道交通车站站台声学要求和测量方法》GB/T 14227 的有关规定。在没有列车通行的条件下,车站站台和站厅的环境噪声不得超过 70 dB(A)。管理用房的环境噪声不得超过 60 dB(A)。

2 产生噪声污染的动力设备,应设于专用机房内,并与车站站厅、站台层公共区有效分隔。

3 车站播音室及室内设有电话机的办公用房,应采取隔声、吸声处理措施。

4 通风空调系统应选用低噪声设备,并应根据现行国家标准《声环境质量标准》GB 3096 中规定的相应区域噪声限值的要求,分别在风机的进风口和出风口设置消声器。

5 风机、水泵等动力设备应根据其噪声特点,在设备机座或基础下设置橡胶隔振垫或减振器等,并在与设备直接连接的进出管道上设置柔性接头、弹性支吊架。

20.2.4 环境噪声防治应符合下列要求:

1 地面线、高架线的选线以及车站、车辆基地的选址,应结合城市发展总体规划以及城市环境功能区划分,做好项目环境影响评估。

2 城市规划在轨道交通用地范围外的一定距离以内,均应按现行国家标准《声环境质量标准》GB 3096 中 4 类区限值标准进行控制。上述距离的确定原则和方法应按现行国家标准《声环境功能区划分技术规范》GB/T 15190 的规定执行。

列车运行噪声对环境的影响应符合现行国家标准《声环境质量标准》GB 3096 中相应区域噪声限值的规定,见表 20.2.4-1。

表 20.2.4-1 声环境质量标准

区域类别	区域名称		等效声级 L_{eq} [dB(A)]	
			昼间	夜间
0类	康复疗养区		50	40
1类	居住、医疗、文教、科研、行政区		55	45
2类	商业金融、集市贸易,居住、商业、工业混杂区		60	50
3类	工业区		65	55
4类	4a类	道路交通干线道路两侧区域	70	55
	4b类	新建铁路干线建设项目两侧区域	70	60

3 风井、冷却塔位置应避让噪声敏感建筑,风井的风口应背向噪声敏感建筑,风口风速不应大于 4 m/s。风井、冷却塔噪声应符合现行国家标准《声环境质量标准》GB 3096 中相应区域噪声限值要求。

4 车辆基地的位置应选择在非噪声敏感区域,其边界噪声应符合现行国家标准《工业企业厂界环境噪声排放标准》GB 12348 中相应区域噪声限值要求,见表 20.2.4-2。

表 20.2.4-2 工业企业厂界环境噪声排放限值

类别	适用范围	等效声级 L_{eq} [dB(A)]	
		昼间	夜间
0	康复疗养区	50	40
1	居住、医疗、文教、科研、行政区	55	45
2	商业金融、集市贸易,居住、商业、工业混杂区	60	50
3	工业区	65	55
4	交通干线两侧区域	70	55

5 车辆基地内各维修车间应根据各自不同的作业状况采用相应的噪声防治措施。

6 车辆基地边界处噪声超标的,应采取有效措施加以控制。

20.3 大气污染防治

20.3.1 大气污染防治设计应符合现行国家标准《恶臭污染物排放标准》GB 14554、《锅炉大气污染物排放标准》GB 13271 和《饮食业油烟排放标准》GB 18483 及相关规定。

20.3.2 车站装修应采用防火、防潮、防腐、耐久的环保材料。

20.3.3 车辆基地应遵循清洁生产的原则,采用太阳能、电能、人工煤气或天然气等热源。

20.3.4 厨房油烟应经净化处理,净化处理设施的最低去除率应符合现行国家标准《饮食业油烟排放标准(试行)》GB 18483 的规定,其排气筒出口朝向应避开易受影响的建筑物。

20.4 水污染防治

20.4.1 水污染防治设计应符合现行行业标准《污水排入城镇下水道水质标准》CJ 343 和现行上海市地方标准《上海市污水综合排放标准》DB31/199 的规定。

20.4.2 车站及车辆基地的生活污水、生产废水,包括处理后的生活污水、生产废水均不得排入城市水源保护水域。

20.4.3 当车站或车辆基地附近无市政污水排水系统时,应对生活污水、生产废水进行处理,并应符合现行上海市工程建设规范《污水排入合流管道的水质标准》DGJ 08—904 和现行上海市地方标准《上海市污水综合排放标准》DB31/199 的规定后,方可排入水源保护水域以外水域或合流污水管道。

20.4.4 生活污水的二级生化处理设施应经计算后合理确定设备规模,处理设备规模应按最大日平均小时生活用水量确定,按 24 h 不间断运行考虑。

20.4.5 车辆基地生产废水宜经处理后纳入生活污水管网排至

城市污水管。

20.5 电磁辐射防治

20.5.1 城市轨道交通 35 kV、110 kV 变电所和列车运行中产生的电磁辐射,对公众环境生物效应的影响应符合现行国家标准《电磁环境控制限值》GB 8702 的规定。

20.5.2 列车在地面和高架线路行驶时所产生的电磁辐射对收听、收看广播、电视的影响,可参照国际无线电咨询委员会推荐的评价标准,当电视信号接收场强达到规定值时,信噪比不应低于 35 dB(μv/m)。

20.5.3 地面式变电所应考虑电磁辐射影响,宜采用金属屏蔽式开关设备,外壳应有效接地。

20.6 其 他

20.6.1 线路线位的选择,车站、车辆基地的选址,应对生态环境、自然资源、文物古迹、风景区进行保护。

20.6.2 高架线路、高架车站的设置不应影响线路两侧建筑物的日照环境。

20.6.3 高架车站外墙面材料的选择应避免对线路两侧建筑造成光污染。

20.6.4 地面、高架线及地面建筑的设置应与城市景观协调。

20.6.5 地面、高架线及车站两侧宜绿化,车辆基地的绿化率应满足相关规范要求。

本标准用词说明

1 为便于在执行本标准条文时区别对待,对要求严格程度不同的用词说明如下:
   1) 表示很严格,非这样做不可的用词:
      正面用词采用"必须";
      反面用词采用"严禁"。
   2) 表示严格,在正常情况均应这样做的用词:
      正面用词采用"应";
      反面用词采用"不应"或"不得"。
   3) 表示允许稍有选择,在条件许可时首先应这样做的用词:
      正面用词采用"宜";
      反面用词采用"不宜"。
   4) 表示有选择在一定条件下可以这样做的用词,采用"可"。

2 条文中指明应按其他有关标准、规范和其他规定执行的写法为"应按……执行"或"应符合……的要求(或规定)"。

引用标准名录

1. 《声环境质量标准》GB 3096
2. 《机车车辆动力学性能评定及试验鉴定规范》GB/T 5599
3. 《电子设备控制台的布局、型式和基本尺寸》GB/T 7269
4. 《电磁环境控制限值》GB 8702
5. 《工业企业厂界环境噪声排放标准》GB 12348
6. 《锅炉大气污染物排放标准》GB 13271
7. 《消防安全标志》GB 13495
8. 《城市轨道交通车站站台声学要求和测量方法》GB/T 14227
9. 《电能质量　公用电网谐波》GB/T 14549
10. 《恶臭污染物排放标准》GB 14554
11. 《城市轨道交通车辆组装后的检查与试验规则》GB/T 14894
12. 《声环境功能区划分技术规范》GB/T 15190
13. 《建筑用安全玻璃　第2部分：钢化玻璃》GB 15763.2
14. 《城市轨道交通照明》GB/T 16275
15. 《饮食业油烟排放标准（试行）》GB 18483
16. 《城市轨道交通客运服务标志》GB/T 18574
17. 《信息安全技术　网络安全等级保护基本要求》GB/T 22239
18. 《轨道交通　电磁兼容》GB/T 24338
19. 《建筑抗震设计规范》GB 50011
20. 《建筑设计防火规范》GB 50016
21. 《建筑照明设计标准》GB 50034
22. 《供配电系统设计规范》GB 50052

23	《低压配电设计规范》GB 50054
24	《通用用电设备配电设计规范》GB 50055
25	《建筑物防雷设计规范》GB 50057
26	《铁路工程抗震设计规范》GB 50111
27	《火灾自动报警系统设计规范》GB 50116
28	《建筑灭火器配置设计规范》GB 50140
29	《地铁设计规范》GB 50157
30	《数据中心设计规范》GB 50174
31	《公共建筑节能设计标准》GB 50189
32	《电力工程电缆设计标准》GB 50217
33	《建筑物电子信息系统防雷技术规范》GB 50343
34	《城市轨道交通技术规范》GB 50490
35	《城市轨道交通综合监控系统工程技术标准》GB/T 50636
36	《城市轨道交通结构抗震设计规范》GB 50909
37	《消防给水及消火栓系统技术规范》GB 50974
38	《无障碍设计规范》GB 50763
39	《地铁设计防火标准》GB 51298
40	《城市桥梁设计规范》CJJ 11
41	《城市道路工程设计规范》CJJ 37
42	《地铁限界标准》CJJ 96
43	《城市桥梁抗震设计规范》CJJ 166
44	《城市轨道交通接触轨供电系统技术规范》CJJ/T 198
45	《污水排入城镇下水道水质标准》CJ 343
46	《民用建筑电气设计规范》JGJ 16
47	《铁路路基设计规范》TB 10001
48	《铁路桥涵设计规范》TB 10002
49	《铁路电力牵引供电设计规范》TB 10009
50	《铁路路基支挡结构设计规范》TB 10025
51	《铁路牵引供电隧道内接触网设计规范》TB 10075

52 《铁路桥梁钢结构设计规范》TB 10091
53 《铁路桥涵混凝土结构设计规范》TB 10092
54 《铁路桥涵地基和基础设计规范》TB 10093
55 《城市轨道交通设计规范》DG/TJ 08—109
56 《污水排入合流管道的水质标准》DBJ 08—904
57 《污水综合排放标准》DB31/199

上海市工程建设规范

胶轮路轨系统设计标准

DG/TJ 08—2392—2022
J 16174—2022

条文说明

2024　上海

目 次

1 总 则 ·· 159
3 基本规定 ·· 160
4 车 辆 ·· 161
　4.1 一般规定 ·· 161
　4.3 车 体 ·· 161
5 运营组织 ·· 162
　5.1 一般规定 ·· 162
　5.2 运营规模 ·· 162
　5.3 运营模式 ·· 163
　5.4 运营配线 ·· 163
　5.5 运营管理 ·· 164
6 限 界 ·· 165
　6.1 一般规定 ·· 165
　6.3 建筑限界 ·· 165
7 线 路 ·· 167
　7.1 一般规定 ·· 167
　7.2 线路平面 ·· 168
　7.3 线路纵断面 ····································· 172
　7.4 配 线 ·· 174
8 轨 道 ·· 175
　8.2 轨道超高 ·· 175
　8.3 运行道 ··· 175
　8.4 导向轨 ··· 176
　8.5 道 岔 ·· 177

8.6 辅助设备及常备材料	179
9 路基	181
9.1 一般规定	181
9.2 路肩高程、路基面形状和宽度	182
9.3 基床	182
9.4 路堤	183
9.7 路基排水及防护	184
9.8 路基支挡结构	184
10 车站建筑	185
10.1 一般规定	185
10.2 车站总体布置	185
10.3 车站平面	185
10.5 车站出入口及附属建筑	186
10.8 无障碍设施	186
10.10 车站环境设计	187
10.14 区间建筑	187
11 高架区间结构	188
11.1 一般规定	188
11.4 附属结构设计	188
12 供电	189
12.1 一般规定	189
12.2 变电所	189
12.3 接触轨	189
12.4 电线电缆	189
12.5 动力与照明	190
12.6 电力监控	190
13 通信	191
13.3 电话系统	191
13.4 无线通信系统	191

13.5 广播系统 ································ 191
  13.6 乘客信息系统 ························· 192
  13.7 时钟系统 ································ 192
  13.10 通信电源和接地 ····················· 193
14 信 号 ··· 194
  14.1 一般规定 ································ 194
  14.2 系统基本要求 ························· 194
  14.5 子系统要求 ····························· 195
  14.6 信号设置及显示 ······················ 196
15 综合监控 ·· 197
  15.1 一般规定 ································ 197
  15.2 系统组成及硬件基本要求 ········· 197
  15.3 系统基本功能 ························· 197
16 站台门 ·· 199
  16.1 一般规定 ································ 199
  16.2 主要技术指标 ························· 199
  16.3 布置与结构 ····························· 199
  16.4 运行与控制 ····························· 200
  16.5 供电与接地 ····························· 200
17 车辆基地 ·· 201
  17.1 一般规定 ································ 201
  17.2 车辆段与停车场的功能、规模及总平面布置 ··· 205
  17.3 车辆运用整备设施 ·················· 207
  17.4 车辆检修设施 ························· 208
  17.5 综合维修中心 ························· 208
18 控制中心 ·· 209
  18.1 一般规定 ································ 209
  18.2 工艺设计 ································ 209

— 153 —

20 环境保护 ………………………………………… 211
　20.1　一般规定 ………………………………… 211
　20.2　噪声污染防治 …………………………… 212
　20.3　大气污染防治 …………………………… 213
　20.4　水污染防治 ……………………………… 213
　20.5　电磁辐射防治 …………………………… 214
　20.6　其　他 …………………………………… 214

Contents

1 General provisions ·· 159
3 Basic requirements ······································· 160
4 Vehicle ·· 161
    4.1 General requirements ······························ 161
    4.3 Carbody ·· 161
5 Operating organization ································· 162
    5.1 General requirements ······························ 162
    5.2 Operational scale ···································· 162
    5.3 Operational mode ··································· 163
    5.4 Operational sidings ································· 163
    5.5 Operating management ··························· 164
6 Gauge ·· 165
    6.1 General requirements ······························ 165
    6.3 Structure gauge ······································ 165
7 Alignment ·· 167
    7.1 General requirements ······························ 167
    7.2 Horizontal alignment ······························· 168
    7.3 Vertical alignment ··································· 172
    7.4 Sidings ·· 174
8 Track ··· 175
    8.2 Super high ·· 175
    8.3 Running surface ······································ 175
    8.4 Guideway ·· 176
    8.5 Switch ··· 177

	8.6 Accessories	179
9	Subgrade	181
	9.1 General requirements	181
	9.2 Subgrade elevation roadbed shape and width	182
	9.3 Subgrade bed	182
	9.4 Embankment	183
	9.7 Subgrade drainage and protection	184
	9.8 Retaining structures of subgrade	184
10	Station architecture	185
	10.1 General requirements	185
	10.2 General layout of station	185
	10.3 Station plane	185
	10.5 Station entrances and exits, annex	186
	10.8 Barrier-free facilities	186
	10.10 Station environmental design	187
	10.14 Zone building	187
11	Elevated bridge structure	188
	11.1 General requirements	188
	11.4 Accessory structural design	188
12	Power supply	189
	12.1 General requirements	189
	12.2 Substation	189
	12.3 Contact rail	189
	12.4 Wires and cables	189
	12.5 Power and lighting	190
	12.6 Supervisory control and data acquisition	190
13	Communication	191
	13.3 Telephone system	191
	13.4 Radio communication system	191

13.5	Broadcasting system	191
13.6	Passenger information system	192
13.7	Clock system	192
13.10	Power supply and grounding	193

14 Signal 194
    14.1 General requirements 194
    14.2 System basic requirements 194
    14.5 Subsystem requirements 195
    14.6 Signal setup and display 196

15 Integrated supervisory and control system 197
    15.1 General requirements 197
    15.2 System structure and principal requirements for hardware 197
    15.3 Principal functions 197

16 Platform screen 199
    16.1 General requirements 199
    16.2 Main technical indicators 199
    16.3 Arrangement and structure 199
    16.4 Operation and control 200
    16.5 Power supply and grounding 200

17 Base for the vehicle 201
    17.1 General requirements 201
    17.2 Functions, scale and general layout of car depot and parking lot 205
    17.3 Facilities for running and service of train 207
    17.4 Vehicle repair and maintenance facilities 208
    17.5 Comprehensive maintenance centre 208

18 Operation control centre 209
    18.1 General requirements 209

	18.2 Technological design ············· 209	
20	Environmental protection ················· 211	
	20.1 General requirements ·············· 211	
	20.2 Noise pollution control ············· 212	
	20.3 Air pollution control ················ 213	
	20.4 Water pollution control ············· 213	
	20.5 Electromagnetic radiation control ········· 214	
	20.6 Others ························· 214	

1 总　则

1.0.1 胶轮路轨系统是一种中运量等级的轨道交通系统制式。在上海市城市轨道交通网络中，这种系统适用于大型居住区及郊区新城(镇)与大运量轨道交通主干网的接驳交通，以及外围新城轨道交通加密线和轨道交通切向接驳线、联络线的建设。应体现"标准适度、方案简洁、投资合理、工程影响小、服务功能好"的规划设计特点。

1.0.2 胶轮路轨系统的中央导向和两侧导向两种不同的导向方式，反映在车辆转向架、轨道、供电轨、限界标准等方面均有差异。鉴于浦江线以及国内其他开通运营的胶轮路轨线路均采用了中央导向方式，积累了工程应用实践经验，为设计标准的制定提供了技术前提和基础，因此，针对中央导向方式开展标准的制定。标准编制工作中，经过对技术条件的梳理和对标，在线路、行车、路基、车辆基地等专业设计，以及全自动无人驾驶设计方面，两种导向方式的技术条件基本一致。故两侧导向胶轮路轨系统的设计在技术条件相同时也可使用本标准。

　　对于延伸线工程和既有线改造工程设计，宜维持既有轨道结构形式，充分利用既有轨道部件。

3 基本规定

3.0.4 胶轮路轨系统的主体结构工程一旦发生毁坏事故,会造成人员伤亡、巨大物质损失以及长时间停运。为了保证安全和实现工程生命周期内价值最大化,做此规定。

设计使用年限是指在一般维护条件下,能保证结构工程安全正常使用的最低时段。

除主体结构外,对于车站内部的钢筋混凝土楼板、站台板以及控制中心等一些重要的地面建筑物,一旦损坏或大修,会危及安全或严重影响正常运营,其设计使用年限也应采用100年。

4 车 辆

4.1 一般规定

4.1.5 车辆的橡胶轮胎数量和载客量可参考表1。

表1 车辆的橡胶轮胎数量和载客量

序号	项目名称		规格
1	橡胶轮胎数量	走行轮	4个
		导向轮	8个
2	载客量	座位	20个(头车)/22个(中间车)
		额定载客量(6人/m²)	137人(头车)/147人(中间车)
		超载载客量(8人/m²)	176人(头车)/189人(中间车)

4.3 车 体

4.3.14 视频监控系统应具备存储、调看、传输和回放等功能,并与公安系统有接口。

5 运营组织

5.1 一般规定

5.1.1 通过运营组织的设计明确运营需求,是实现系统客运服务与运营管理功能的主要手段。为更好地指导胶轮路轨系统设计与建设,运营组织应具备系统性、合理性及协调性。

5.1.2 客流预测是开展胶轮路轨系统运营组织的重要基础资料,其预测成果内容应包括各设计年限的客流规模、线路客流、车站客流、换乘客流、客流特征分析、客流变化风险等。随着工程设计的不断深化,客流预测应根据需要完成相应补充和细化工作。客流预测的依据应与城市规划保持一致,预测的对象应与线路总体方案保持一致。

5.2 运营规模

5.2.1 为充分发挥工程运输效率,应使系统设计远期最大通过能力达到合理的水平。车辆基地的用地规模、终点站的折返能力等,宜按照全线系统设计通过能力要求配置。

5.2.6 为提高运输效率,在工程设计中,车辆、信号、线路、限界、轨道等各专业均应与设计最高运行速度相匹配,确保列车实际运营达到设计最高运行速度。牵引计算在列车牵引、制动性能取值及限速区段的速度取值,应考虑信号系统的实际控制原理及运营调整所需要的合理空间,以使设计阶段的牵引计算更能反映实际运营情况。列车牵引计算的平均加速度、制动减速度不宜大于列车最大加速度、常用减速度的 90%。

5.3 运营模式

5.3.1 南北向线路由南向北为上行，反之为下行；东西向线路由西向东为上行，反之为下行；环形线路以列车在外圈轨道线的运行方向为上行，内圈轨道线的运行方向为下行。分期建设时，全线的上、下行方向应一致。

5.3.3 胶轮路轨系统线路长度通常不大于 20 km，为发挥线路最大输送能力、方便乘客出行，并服务沿线车站，宜采用全线单一交路。当沿线客流断面变化较大时，也可组织多交路运营，小交路覆盖范围宜大于全线运营长度的 2/3，并宜覆盖与其他线路、交通方式的主要换乘车站。

5.3.5 由于胶轮车辆的车门较宽，平均上（或下）一名乘客的时间 T_1 可相应缩短。

T_1 可按以下公式计算：

$$T_1 = \frac{0.6 \times 1.4}{W} = \frac{0.84}{W} \tag{1}$$

式中：W——车辆每扇门宽度(m)。

5.3.6 故障列车在正线上的推进速度，主要考虑在连挂列车自身运行及与前方正常运营列车距离安全可控的前提下，尽量接近正线的正常旅行速度，一般为 30 km/h。为了最大限度加速运营恢复，在采取措施保障行车安全的条件下，可适当提高推进速度。

5.4 运营配线

5.4.1 运营配线对运营方案的实施及开展运营调整具有非常重要的作用，在设计阶段应充分重视其形式、功能对长期运营的影响，对终点折返站、中间折返站、临时折返站、车辆基地接轨站、主支线接轨站等车站的配线能力进行计算和分析，确保运营功能。

5.4.2 系统折返功能对运营计划的实现有重要影响,起、终点站必须设置折返配线,承担折返作业的中间站为了减少折返列车与通过列车的作业干扰,应设置折返线。在开行大小交路时,平峰时段多开行单一交路,折返线使用效率相对较低,在各方面条件适当时,小交路折返线与车辆基地接轨站结合,可以实现列车进出段作业与小交路运营相配合,提高运营效率,简化运营组织。对于上下客流量大的车站,可增加乘降作业站台面以缩短停站时间,提高折返/通过能力。可考虑的站台形式包括岛式站台、一岛一侧站台、一岛两侧站台等。

5.4.3 停车线可在列车故障救援时使故障列车尽早退出正线运营,便于全线恢复正常运营状态,其退出时间与设置距离有一定关系,因此在设置停车线时,应优先满足距离要求;在停车线设计中综合考虑临时折返、夜间存车、热备车存放等功能需求可以提高停车线使用效率,停车线设置形式应方便相应功能需求列车的使用。

5.4.5 为提高车辆基地出入线的使用功能,每条出入线均宜具备与正线之间收、发列车功能。

5.4.7 主线与支线交汇方向设置不同站线完成上下客作业,可以较好地减少列车交汇对行车、客运的影响,有利于运营计划的顺利实现。

5.5 运营管理

5.5.7 郊区线路可根据居民出行需求适当调整运营时间。承担地铁线路延伸线功能的胶轮路轨系统,运营时间宜与相关线路一致。

6 限 界

6.1 一般规定

6.1.3 制定车辆限界、设备限界时,统一考虑了横向振动加速度带来的影响,以及车辆的最大侧滚角度,故不再计算每处曲线过、欠超高引起的加宽量。采用充气轮胎时,设备限界需考虑充气轮胎故障状态下车辆侧偏空间。

6.1.4 建筑限界是一个垂直于线路中心线的最小有效净空断面,所有建筑物的任何突出部分均不得侵入。建筑限界不含测量、施工等误差及结构位移、沉降和变形等因素。因此,结构内净设计尺寸应在建筑限界上外放一定余量,才能满足结构竣工后的建筑限界要求。曲线段建筑限界应在直线段建筑限界基础上进行加宽和加高,或根据最不利条件制定全线统一的结构断面形式。

6.3 建筑限界

6.3.1 设备限界与设备和管线实际安装所需尺寸之间,预留不小于50 mm的安全间隙,一部分是设备的安装误差,另一部分是测量与限界验收的误差。设备限界与建筑限界之间的间隙是为了满足结构变形和加固的需要。

6.3.3 限界坐标系和建筑限界不会随曲线段超高角而旋转,但是车辆限界和设备限界,会随曲线段超高角而旋转。因此,直线地段矩形隧道建筑限界以直线地段设备限界为计算依据,曲线地段建筑限界需在曲线地段设备限界基础上再计入轨道超高引起的旋转变化量。

6.3.6 单圆或单线马蹄形隧道在曲线超高地段,轨道超高造成设备限界和建筑限界之间间隙不均匀,可通过隧道中心线的适当偏移来平衡间隙。由于竖向位移量很小,为简化施工,竖向位移忽略不计。

6.3.8 车站地段停站限界计算速度为 40 km/h(无站台门)、50 km/h(有站台门)。

胶轮车辆设备限界需包容轮胎漏气、瘪胎运行等最不利工况,与车辆限界之间间隙较大。在站台范围内车辆轮胎失效时,为了保护列车不与站台擦碰,站台结构面边缘需按设备限界进行控制。但是又要尽量缩小站台间隙,方便乘客上下车。因此,在站台计算长度范围内加装橡胶条,允许轮胎失效时车辆倾斜并擦碰橡胶条,以有效缩小车厢地板面与站台之间的间隙。条款中数据来自上海浦江线项目,当选用的车辆不同时可予以调整。浦江线车辆的空车车厢地板面高度 1 113 mm,满载下降量为 15.8 mm,轮胎面最大磨耗 13.2 mm,运行道磨耗忽略不计,站台面高度取整为 1 080 mm。参考美国 ASCE 标准,站台与车辆门槛之间的间隙不大于 50 mm,结合国外项目经验一般可以做到 30～40 mm,浦江线实际取值为 40 mm,故站台边至线路中心线距离为 1 460 mm。经实践验证,上述站台处限界取值是安全可靠的。1 632 mm 为站台高度处设备限界加上 25 mm 的安全间隙。

6.3.12 车辆基地库内检修平台及栏杆的建筑限界,按列车空车状态下以 8 km/h 速度低速运行设计,此时仅考虑轮胎磨耗及轮轨间隙的随机变化,以及车体与转向架之间横动量随机变化。因此,按车辆轮廓线与检修平台及安全栅栏之间留有 100 mm 间隙进行建筑限界设计是安全的,同时也能有效防止高空作业出现安全事故。

7 线 路

7.1 一般规定

7.1.1 胶轮路轨系统线路的类别主要根据其在运营中的功能和作用来划分,正线为载客运营并贯穿车站的线路,行车密度高、速度快,且为保证行车安全及舒适性,线路设计标准较高;配线是为配合列车转换线路或运行方向等某些运营功能服务并增加运行灵活性的线路,一般行驶空载列车,速度相对较低,线路标准也较低;车场线是场区作业的线路,速度低,线路标准满足场区作业即可。按照不同类别线路制定相应的技术标准,达到既能保证运营要求又能降低工程造价的目的。

7.1.2 线路选线应符合下列规定:

第1款 线路走向应符合上海市城市总体规划、轨道交通线网规划、建设规划等上位规划。相较于地铁系统,本系统车辆长度小、列车定员较少,符合中运量系统的特点。

第5款 胶轮路轨系统适用于中运量等级、平均旅速在30 km/h左右,并在城市轨道交通网络中承担加密、接驳、联络等功能作用的线路。线路长度不宜超过20 km,有利于控制线路的客流规模和工程建设规模,从而有效发挥该系统的技术优势。

7.1.3 车站设置应符合下列规定:

第1款 车站设置应体现"以人为本"的原则,设于交通枢纽点和主要客流集散点上,尤其应注重做好与大运量轨交系统的换乘接驳,以最大程度方便居民的使用。

第2款 车站设置应结合街区道路布置的实际情况而定,以充分体现该系统运营灵活、街区化设站、快速收集客流的特点,通常站间距不宜超过 1 km。

7.1.4 线路敷设方式应符合下列规定：

第1款 就胶轮路轨系统承担的线路功能和运输能力而言，地下线的建设成本高，技术经济性不理想。如果采用地面线，则要求与之相交的道路能够实现立交穿越，对城市道路影响较大，故一般应采用高架线。只有在特殊困难地段经技术经济比较后，可采用地下线。

第2款 高架线和地面线路及车站外边缘距离建筑物的距离应结合行车安全、城市防灾、城市规划、环境保护、景观等要求综合确定，并应注意车站位置和高架区间对附近居住家庭的可见度及涉及的隐私问题。

第3款 胶轮路轨系统由供电轨供电，地面线和过渡段应设置安全防护围栏。

7.1.5 胶轮路轨系统规模小，配线区长度较传统地铁要短，配线布置要符合该系统灵活的特点，以满足常规及故障情况下的运营需求。

7.2 线路平面

7.2.1 平面曲线设计应符合下列规定：

第1款 为提高乘客舒适度，减小轮胎磨耗，提高正线线形标准，正线平面曲线尽量采用大半径曲线。平面曲线半径的选定与路段设计速度、工程条件、地形地物等因素有关，并直接影响胶轮路轨系统工程造价、运行速度、乘客舒适度及养护维修等。根据胶轮路轨系统车辆性能及国内外相关设计经验，提出以下圆曲线最小曲线半径计算公式。曲线速度限制值参考表2。

$$v = 3.6\sqrt{\left(a_s + g\frac{h}{100}\right) \cdot R} \qquad (2)$$

式中：a_s——允许最大未被平衡离心加速度，为 $0.05g$；

h——允许最大超高,为6%。

经计算,$v=3.74\sqrt{R}$。

表2 曲线速度限制值

曲线半径R(m)	40	50	60	70	80	90	100
速度v(km/h)	23.7	26.4	29.0	31.3	33.5	35.5	37.4

为发挥胶轮路轨系统选线灵活的特点,并尽量满足以较高速度通过曲线,同时兼顾目前国内外线路设计标准,因此,一般情况下最小平面曲线半径取100 m,困难条件下取50 m。

第2款 车站尽量设在直线上,以保证行车及乘客安全。在困难地段车站站台设置于曲线上时,参照国内外胶轮线路设计,并兼顾站台门的安装效果,按车辆车门踏板处与站台边缘之间的间隙最大不超过57 mm计算,车站范围内曲线半径应不小于600 m。

第3款 关于正线及配线的圆曲线最小长度规定,主要为避免同一节车辆跨越三种线型,造成车辆运动轨迹过渡不顺畅,并保证列车运行的安全性。一般情况下不应小于一节车辆长度,取15 m。困难条件下,允许减少到一节车辆轴距,一般可用在非正线、低速运行地段,尽量不要出现在正线上。

第4款 关于正线及配线的无超高的夹直线最小长度规定,主要为避免同一节车辆跨越三种线型,造成车辆运动轨迹过渡不顺畅,并满足乘客舒适性和列车运行的安全性。一般情况下不应小于$0.5v$[v为列车通过夹直线的运行速度(km/h)];困难条件下,不应小于一节车辆长度,取15 m,一般可用在非正线、低速运行地段,尽量不要出现在正线上。其中道岔岔后附带夹直线长度可不必满足上述要求。

7.2.2 缓和曲线长度是根据线路线形条件、曲线半径R、列车通过速度v以及曲线超高h,综合考虑安全性、舒适性等因素确定。缓和曲线用来完成直线至圆曲线的曲率变化,轨距加宽和曲线超高的递变(顺坡)率。

胶轮路轨系统正线超高 h 按横坡百分比考虑，超高最大不超过10%。而基于乘客感知的乘坐舒适性，最大超高值不超过6%。未被平衡的离心加速度可达 0.5 m/s²。

浦江线工程设计中所引用的计算公式如下。

缓和曲线长度根据曲线半径 R、行车速度 v、曲线超高 h、超高顺坡率(0.0024 rad/s)、横向冲击率等指标进行计算。

$$L_s = 6.35hv \tag{3}$$

$$L_s = \frac{v\left(\dfrac{v^2}{R} - \dfrac{gh}{100}\right)}{j} \tag{4}$$

式中：L_s——缓和曲线长度(m)；

h——超高，常采用半超高，即以双行车面中心线为基线设置超高(%)；

v——设计最高速度(km/h)；

g——重力加速度(m/s²)；

j——横向冲击率，$\leqslant 0.6$(m/s²)。

根据上述两个计算公式，并满足超高顺坡率的检核要求，取其中最大值即为所需的最小缓和曲线长度。

缓和曲线长度取值方法：当 $v \leqslant 55$ km/h 时，缓和曲线长度按超高顺坡率不大于 2.4‰ 计算，检核公式为

$$L \geqslant \max\left[h/2.4, \frac{v\left(\dfrac{v^2}{R} - \dfrac{gh}{100}\right)}{j}, 6.35hv\right] \tag{5}$$

当 55 km/h $< v \leqslant$ 80 km/h 时，缓和曲线长度按超高顺坡率不大于 2‰ 计算，检核公式为

$$L \geqslant \max\left[h/2.0, \frac{v\left(\dfrac{v^2}{R} - \dfrac{gh}{100}\right)}{j}, 6.35hv\right] \tag{6}$$

缓和曲线长度计算时的超高取值原则：实际工程应用时，对于实设超高大于计算超高值的部分曲线，宜根据实设超高和缓长计算出实际运行速度并按此运营。

此外，线路平面设计应优先采用两端等长缓和曲线的单曲线线型。

7.2.3 道岔布置应符合下列规定：

第1款 胶轮路轨系统采用的道岔包括单开道岔、对开道岔和交叉渡线。典型的道岔型号和线间距见表3。

表3 典型的道岔型号和线间距

道岔形式		导曲线半径(m)	侧向设计速度(km/h)	线间距			
				渡线		交叉渡线	
				枢轴型道岔	辙叉型道岔	转盘型道岔	辙叉型道岔
正线、配线及车场线	单开、对开道岔	22	15	≥4.65	≥3.25	—	
	交叉渡线	22	15	—		≥10	≥3.40

第2款 道岔应设在直线地段，有利于道岔保持良好状态，便于道岔铺设和维修，有利列车安全运行。

第3款 要求道岔尽量靠近车站设置，主要为便于运营管理，保证行车安全，有利于发挥线路的效能。

第4款 相邻两组道岔间的最小距离应满足道岔设备及转辙机基坑布置要求。

相邻两组道岔间的最小距离与道岔设备及转辙机基坑有关，并应满足列车侧向过道岔时不与相邻道岔转辙机基坑发生冲突。相邻两组道岔间的最小距离在具体设计时应根据道岔产品确定。

7.3 线路纵断面

7.3.1 线路坡度设计应符合下列规定：

第1款 胶轮路轨系统车辆采用橡胶车轮，粘着力大，爬坡能力强，根据车辆性能参数，最大允许坡度为100‰，考虑到行车的稳定性及乘客舒适性，参照国内外胶轮路轨线路设计，允许最大坡度采用60‰。

第2款 关于最小坡度，主要基于利于排水方面的考虑。区间高架线和地面线，一般情况下不宜小于3‰，当具有有效排水措施时，可采用平坡；隧道内线路最小3‰坡度的设定，主要为排水畅通、避免积水。

7.3.2 车站、道岔及配线设计坡度应符合下列规定：

第1款 车站有效站台范围内的线路应设在一个坡段上，以保证线路轨面与站台的高差是一条直线关系。

第2款 由于胶轮路轨车站站台计算长度短，为使进站列车停靠平稳、便于安全门等设备的安装，站台计算长度内线路应设在平坡上。在排水条件困难时，坡度不宜大于3‰。

第4款 在地面和高架桥上，考虑风力影响，停车线坡度应尽量平缓，宜设于平坡上。当排水条件困难时，隧道内的停车线坡度不宜大于3‰，且应布置在面向车挡的下坡道上。

7.3.3 坡段与竖曲线设计应符合下列规定：

第1款 一般情况下，线路最小坡段长度不小于列车编组长度，可使一列车范围内只有一个变坡点，以保证行车平稳。为避免竖曲线间相互重叠，利于列车运行，相邻竖曲线间应保持一定距离，夹直线长度按不小于两节车长30 m取值。

第2款 为提高胶轮路轨系统线路经过变坡点的稳定性及乘客舒适性，两相邻坡度代数差等于或大于2‰时，应设圆曲线型竖曲线连接。为尽量保证列车行车平顺性及安全性，竖曲线长度不宜

小于 15 m。根据浦江线核心设备供货商提供标准,竖曲线长度为

$$L = \frac{Av^2}{100a} \geqslant 15 \text{ m} \tag{7}$$

其中,A——坡度代数差(%);

v——车辆最大设计速度(m/s);

a——竖向加速度,m/s²(凹形曲线处小于 $0.03g$,凸形曲线处小于 $0.05g$)。

对于竖曲线半径的取值,参照国家标准《地铁设计规范》GB 50157—2013 中的计算公式如下:

$$a = v^2/R = 0.077v^2/R (\text{m/s}^2) \tag{8}$$

$$R = 0.077v^2/a \tag{9}$$

考虑到舒适性,a 取 $0.03g$,即 $R = 0.25v^2$。

对于区间,一般情况下:$v = 80$ km/h,$R = 1\,600$ m;困难情况下:$v = 55$ km/h~65 km/h,$R = 800$ m~1 100 m。

对于车站端部,一般情况下:$v = 60$ km/h,$R = 900$ m;困难情况下:$v = 50$ km/h,$R = 700$ m。

对于出入线、联络线:$v = 60$ km/h~80 km/h,$R = 900$ m~1 600 m。

结合国内外胶轮路轨线路设计,考虑到为提高乘客舒适性,竖曲线半径应尽量取大值,本标准在计算结果基础上考虑一定富余量,详见表 7.3.3。

第 3 款 竖曲线不得侵入车站有效站台范围,是为了使车辆地板面和站台面保持一个相等高度,以保证乘客上下车的安全,并有利于车站的设计和施工。

第 4 款 竖曲线和平面缓和曲线不宜重叠,以尽量减小施工难度。

第 5 款 线路长大坡段(坡度大于 35‰的坡段)应尽量避免与平面小半径曲线($R < 100$ m)重叠,以免两种不利条件叠合对线

路长期运营及乘客舒适性造成不利。

7.4 配 线

7.4.2 折返线(停车线)设置应符合下列规定:

第3款 一般情况下,自折返线(停车线)道岔端部至折返线(停车线)车挡止(不含车挡长度)的距离较远期列车编组长度不小于13 m计(包含停车误差1 m),见图1。

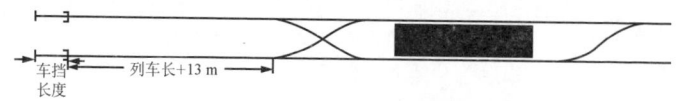

图1 折返线有效长度示意图

7.4.4 安全线(安全距离)应符合下列规定:

第2款 根据信号专业仿真计算以及结合上海浦江线的设计,安全线(或安全距离)自列车停车点至车挡前端(不含车挡长度)的最小距离不宜小于12 m。其中,"列车停车点"是指列车预定停车位置。

8 轨 道

8.2 轨道超高

8.2.1 由于混凝土运行道表面设置超高较为困难,根据国内外设计施工经验,当未被平衡的离心加速度≤0.05g 即 h≤5%时可不设置超高。对于导曲线半径为 22 m 的道岔区,如果不设置超高,列车以 15 km/h 速度通过时最大欠超高达到 10%,考虑到折返站多采用站后折返,列车为不载客过岔,为了提高折返能力,道岔区最大允许欠超高为 10%。

8.3 运行道

8.3.1 在满足强度的基础上,运行道混凝土表面还宜采用适当措施,增加耐磨及抗裂性能。运行道混凝土的原料技术要求和水泥配合比等,可参考现行行业标准《民用机场水泥混凝土面层施工技术规范》MH 5006 的相关规定。

8.3.3 运行道表面应具有良好的摩阻特性,根据现行行业标准《公路路基路面现场测试规程》JTG E60 之 T 0964 的摆式仪测定路面摩擦系数试验方法中对干、湿路况的测试规定,其测定的摩擦系数不应小于 0.85。

8.3.5 对于较大结构缝的地段,为保证走行轮获得连续支撑,应将伸缩缝设置成斜缝,本条规定了最大缝宽,可根据车轮形式尺寸做适当调整。

8.4 导向轨

8.4.3 导向轨尺寸较小,若选择钢板焊接成型,生产难度大,精度难以保证,因此最好选用标准型钢。宜选用延展性好的材质,方便导向轨的弯折施工,满足拟合线路线型的要求。

8.4.5 导向轨与运行道走行面相对关系参照图2。

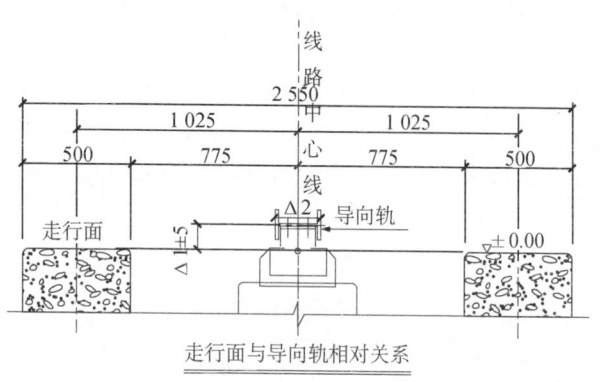

$\Delta 1$—导向轨中心线距离走行面的高度;$\Delta 2$—导向轨外廓宽

图2 导向轨示意图

8.4.6 导向轮与导向轨之间的形位关系,对于胶轮路轨系统运行性能非常重要。由于胶轮路轨系统应用规模较小,施工工艺和工装设备未能实现标准化,尚未研制专用的线上焊接装备,因此,现有设计均为有缝导向轨。对于梁缝较大处,为了保证导向轮获得连续支撑,一般将导向轨设置成斜缝,本条规定了最大宽度,可根据不同车型、导向轮形式进行适当调整。随着胶轮路轨系统技术的推广应用,可进一步研究无缝导向轨的技术和标准,优化施工工艺,为长期运营维护提供更好的条件。

8.4.9 防锈防腐处理技术应符合环境保护要求,且不影响支撑件的使用功能。

8.5 道 岔

8.5.1 典型的单开道岔导曲线半径为 22 m,侧向允许通过速度为 15 km/h,如图 3 和图 4 所示。

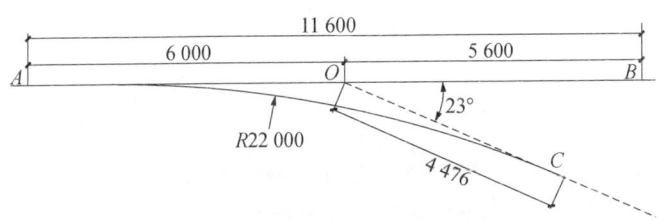

图 3 枢轴型单开道岔线形图

注:图中,A、B、C 点为道岔范围与区间导梁范围的分界点,也是区间导梁设计的起点,O 点为岔心。AO、OB、OC 段长度应符合上图规定。AC 为曲梁,半径为 22 m,C 点保持不动,A 点为转辙点,在道岔转辙设备的作用下发生动作。

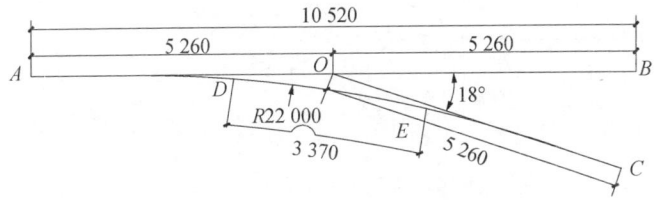

图 4 辙叉型单开道岔线形图

注:图中,A、B、C 点为道岔范围与区间导梁范围的分界点,也是区间导梁设计的起点,O 点为岔心。AO、OB、OC 段长度应符合上图规定。DE 为半径 22 m 的曲梁,DE、EC 段保持不动,A 点为转辙点,在道岔转辙设备的作用下发生动作。

典型的对开道岔导曲线半径为 22 m,侧向允许通过速度为 15 km/h,如图 5 和图 6 所示。

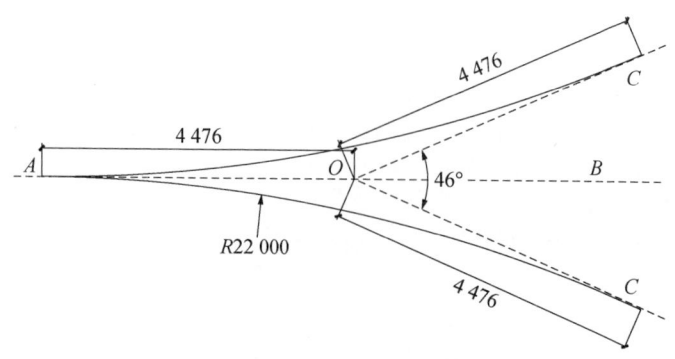

图 5 枢轴型对开道岔线形图

注：图中，A、C 点为道岔范围与区间导梁范围的分界点，也是区间导梁设计的起点，O 点为岔心。AC 段长度应符合上图规定。AC 为曲梁，半径为 22 m，C 点保持不动，A 点为转辙点，在道岔转辙设备的作用下发生动作。

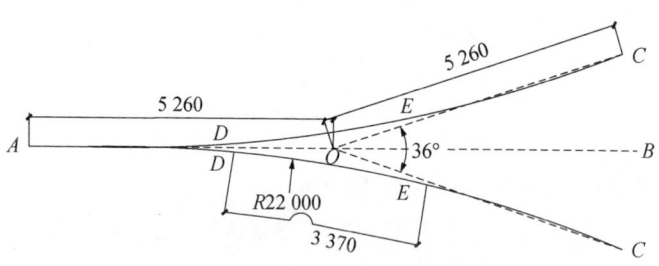

图 6 辙叉型对开道岔线形图

注：图中，A、C 点为道岔范围与区间导梁范围的分界点，也是区间导梁设计的起点，O 点为岔心。AC 段长度应符合上图规定。DE 为曲梁半径为 22 m，DE、EC 段保持不动，A 点为转辙点，在道岔转辙设备的作用下发生动作。

典型的交叉渡线导曲线半径为 22 m 的道岔，侧向允许通过速度为 15 km/h。交叉渡线有转盘型和辙叉型两种。转盘型由 4 组单开道岔、中央转盘及区间导梁连接组成，辙叉型由 4 组单开道岔、中央菱形交叉及区间导梁组成，如图 7 和 8 所示。

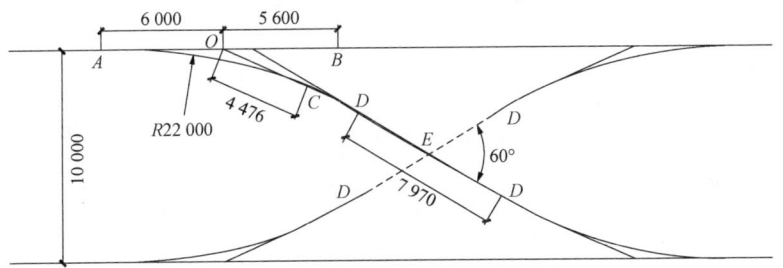

图 7 转盘型交叉渡线线形图

注：图中，A、B、C 点为单开道岔范围与区间导梁范围的分界点，也是区间导梁设计的起点，O 点为单开道岔岔心。DED 段为转盘道岔，道岔工作时转盘部分和单开部分均发生动作。

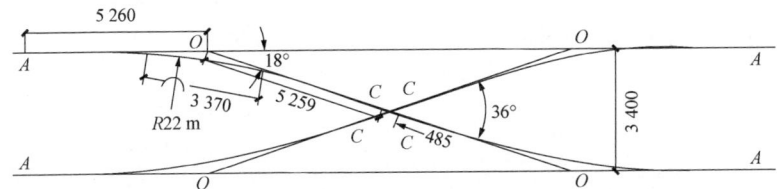

图 8 辙叉型交叉渡线线形图

注：图中，A、B 点为单开道岔范围与区间导梁范围的分界点，也是区间导梁设计的起点，O 点为单开道岔岔心。C 点为菱形交叉与区间导梁或单开道岔的分界点，CC 段为菱形交叉，道岔工作时 CC 段保持不动，仅单开部分发生动作。

8.6 辅助设备及常备材料

8.6.1 第3款 滑移式挡车器占线长度可采用下列公式计算。

车辆制动动能：
$$W = \frac{mv^2}{2} \tag{10}$$

车挡占线长度：$L = L_0 + (1+\beta)W/F$ (11)

式中：W——车辆制动动能；

m——车辆质量；

v——撞击速度；

L_0——车挡自身长度；

F——车挡制动力；

β——安全系数，一般取 0.1。

在有效控制车站规模的前提下，正线滑移式液压挡器按照占线 11 m 进行设计。该型挡车器应能承受重载列车以 15 km/h 速度撞击时的冲击荷载，或者空载列车以 18 km/h 速度撞击时的冲击荷载。车场库内线，按空载列车以 8 km/h 速度撞击的冲击荷载设计固定式液压缓冲挡车器。

8.6.2 常用的线路信号标志一般有百米标、曲线要素标、曲线起终点标、坡度标、竖曲线起终点标、水准基点标等，以及与工务相关的行车标志，如股道牌、警冲标、列车停车位置标、车挡位置标、限速地点标、鸣笛标、站名预告牌、一停二看三通过标牌等线路标志。

9 路 基

9.1 一般规定

9.1.1 路基是承受轨道和列车荷载的基础,必须保证列车通过时能在允许的弹性变形范围内平稳、安全地运行。因此,路基必须填筑密实,具有足够的强度,在轨道和列车荷载的作用下,路基产生的沉降变形不应超过允许范围。同时,在承受轨道和列车荷载以及各种自然因素的作用下,必须具有足够的稳定性,不致对路基本体或地基产生破坏和位移,以保证行车的安全、畅通。

各种自然因素,如风、雨、雪、大气温度变化、地震、水流等影响着路基的强度和稳定性。因此,要采取适当措施,使路基具有在这些自然因素长期作用下的耐久性。

9.1.3 胶轮路轨系统车辆的轴荷载为 140 kN,路基工程设计的计算车辆竖向活载以此种车型为标准。

胶轮路轨系统最高运行速度 80 km/h,列车在运行中产生的冲击力、离心力、制动力和摇摆力对路基的影响不大,在路基设计中一般不计其应力影响。

9.1.5 水是导致路基病害的首要因素。为防止路基病害,必须做好路基的排水设计,以保证路基的稳固安全。

9.1.6 城市轨道交通所经过的地区,一般用地都较紧张,线路两侧设置的杆架、沟槽、管线等设施和路基的干扰较大,其中电缆沟槽的施工和土质路基本体之间的干扰尤为严重,对路基的完整性和稳定性会造成不良影响。故本条对以上各类工程在路基本体范围内的设置做了原则性的规定。

9.2 路肩高程、路基面形状和宽度

9.2.1 上海市范围内的长江沿岸及东海海边都建有防洪江堤和海堤,市区河道如黄浦江、苏州河等沿河岸两侧也都建有防汛墙,确保了上海市不受洪水的侵犯。

但是上海地区地势平坦,地下水位较高,部分低洼地区在夏季暴雨或大雨后会造成地面积水,形成局部地区内涝。路堤过低,积水的侵蚀会破坏路基土的物理力学性质,在列车振动下,路基易产生翻浆冒泥等病害。因此,规定路肩高程应高出最高地下水位或最高地面积水位一定高度。设计地面积水位(内涝水位)频率可按观测地面积水位或调查地面积水位频率设计。

9.2.4 城市道路工程设计中,路肩宽度设置规定如下:快速路不小于 0.75 m,其他道路等级不小于 0.50 m,考虑到轨道交通设施的重要性及安全性,路肩宽度规定为不得小于 0.75 m。

9.3 基 床

9.3.1 基床是指路基上部受列车动力作用和水文气候变化影响较大并需处理的土层。可参考城市道路工程设计中的基床相关厚度的规定。

基床土的性质是产生基床病害的内因,水与列车动载的作用为外因。为预防基床病害的产生,除应从排水条件、路基土的压实度方面改善提高外,还应从基床表层土的性质上去解决。渗水性强的砂砾是基床的好材料,渗水性差的细粒遇水抗剪强度降低,承载力减小,易产生路基病害。因此,应选用较好的砂砾土作为基床填料。具体应按现行行业标准《城市道路工程设计规范》CJJ 37 的有关规定执行。

9.4 路　堤

9.4.1 地基为耕地或松土时,如松土厚度不大于 0.3 m,应将原地面夯压密实;当松土厚度大于 0.3 m 时,应将松土翻挖,分层回填压实或采取其他地基加固措施。

在水田地段填筑路堤,应先疏干水田积水,挖除表层淤泥、腐殖土等。在池塘积水地段,视具体情况,采取排水疏干、挖除淤泥、抛填片石或砂砾石等措施;若采用抛填片石或砂砾石,其抛填高度一般高出积水位 0.5 m。

9.4.3 在软土地基上设计路堤时,临界高度应根据填土重量由稳定检算确定,也可用经验公式估算确定,必要时可通过填筑试验确定;设计临界高度应根据填土重量与列车荷载由稳定检算确定。仅考虑路堤自重,在天然地基上快速填筑的路堤最大高度为填筑临界高度。考虑填土重量和列车荷载共同作用,在天然地基上快速填筑的路堤最大高度为设计临界高度。

9.4.5 路堤填筑宜采用同一种填料,以免产生不均匀沉降。性质不同的填料混杂填筑,易在其接触面形成滑动面或在路堤内造成水囊。若条件困难,必须采用性质不同的填料填筑时,应使不同填料分开逐层填筑。当渗水土填筑在非渗水土上时,非渗水土层顶面应向两侧设 4% 的人字横坡,以利排水。

9.4.7 在软土地基上填筑路堤,当填筑至设计高度的瞬间,稳定性是最低的,但随着时间的推移,在填土荷载作用下的固结压密,稳定性又逐渐提高。故稳定系数最低值可采用 1.20。

在有列车荷载以后,对地基有一定的影响,但列车运营一般在填土完成地基已压密固结一般时间以后,稳定系数可容许降低至 1.10。

9.7 路基排水及防护

9.7.2 为使排水通畅,避免淤塞,排水设备的纵坡一般不宜小于3‰~4‰,为减少工程量,也不得小于2‰。但在平坦地带或反坡地段,如限制不得小于2‰的纵坡,工程量要增加很多,有时连排水设备的出口位置也成问题,在这种困难情况下,可容许将纵坡放缓至1‰。

路基地面排水不宜排入地下隧道,这是为了保证隧道正常运营和安全。

9.8 路基支挡结构

9.8.1 由地面线路至地下线路(或反之)的敞开过渡段,必然出现路堑形式的路基。上海地区多为软土,路堑形式的路基易将硬壳层破坏或挖除,对路基的沉降影响较大。钢筋混凝土U型支挡结构基底应力小、沉降量易于控制,故宜采用该形式的支挡结构。

10 车站建筑

10.1 一般规定

10.1.12 胶轮路轨系统车站的建筑体量较小,在付费区设置公共厕所会增大车站体量,故公共厕所可选择设置在地面非付费区。

车站设无障碍设施是不可缺少的,为残障人士和老、弱、病、孕乘客所使用。具体做法:无障碍电梯或斜坡道同时配制导盲设施,使视障人士能到达车站内的无障碍设施并最终得以上下列车。就上海实际应用来看,不宜采用轮椅升降台代替无障碍电梯。

10.2 车站总体布置

10.2.2 胶轮路轨系统车站通常较短,路中设置车站设备和管理用房设置会加大车站主体规模,故宜将设备、管理用房集中布置在路侧。如车辆编组较大,或路中有宽绿化带可利用的车站,在不会大幅度增加车站主体长度的前提下,也可考虑将设备、管理用房设置在路中的方案。

10.3 车站平面

10.3.3 当车站站台计算长度小于 50 m 时,站台内设置 1 组楼(扶)梯就可以满足站台上任何一点到达楼梯口 50 m 之内的要求,但站厅至站台只设置 1 组楼(扶)梯不合理,故可将 1 组用于紧急疏散的楼梯布置在有效站台外,以确保50 m站台计算长度内的空间更宽敞。设置在站台计算长度外的楼梯距另一组楼梯的距离不应大于50 m。

10.3.9 本条规定的列车编组不超过4辆编组(含4辆编组),意在指出车站站台计算长度较小,能够保证该类车站站台层任意一点至过街天桥口部长度不大于50 m。由于车站规模小,如设置2个过街天桥或2个常规出入口,对车站规模和美观影响极大,故在只设置一个常规车站出入口的同时,再设置一个火灾工况下可直达室外的消防用口代替一个常规出入口。

10.3.14 挡烟垂壁用于火灾期间有效阻挡烟雾在该层顶板下的横向流动,以利防烟分区内的排烟效果,保障乘客通过楼(扶)梯进行疏散的安全性。当高架车站站厅层采用无吊顶装修时,楼(扶)梯洞口的下翻梁可起到同样作用,故提出当下层楼梯洞口有超过500 mm高度的下翻梁且本层无吊顶时,可在有梁的这一侧不设置挡烟垂壁。

10.5 车站出入口及附属建筑

10.5.3 在特殊情况下,出入口踏红线或设于人行道上时,必须征得规划部门同意。

10.5.6 独立设置在路侧的车站出入口如采用全封闭设计,宜将防盗卷帘设置在地面层;当出入口设计较为通透轻巧时,防盗卷帘设置在地面会破坏出入口整体效果,可改为设置在站厅与出入口的衔接处。

10.8 无障碍设施

10.8.4 当车站为路中三层站(站厅设置在路中),站位靠近路口且道路红线窄,地面过街条件便捷时,可只在道路一侧出入口处设置无障碍电梯。当车站为路中二层侧式站（站厅设置在路侧）时，道路两侧应分别设置无障碍电梯。

10.10 车站环境设计

10.10.7 车站公共区外围护、楼梯梯段及楼（扶）梯洞口栏杆高度还应满足下列要求：

1 栏杆及栏板应以坚固、耐久的材料制作，并能承受荷载规范规定的水平荷载。

2 公共区楼梯栏杆及楼（扶）梯洞口栏杆的踢脚线高度应设实体的防尘坎，防尘坎的高度不应小于 0.15 m，并满足坚固、耐冲击的要求。

3 在人流密集的悬空楼梯及大中庭的临空面，若临空面的临空净高度超过 6 m，其楼梯梯段临空侧栏杆及楼（扶）梯洞口栏杆的玻璃栏板的高度不应低于 1.5 m。

4 栏杆及栏板上沿应保证平整、光滑，无锐角突出物，确保乘客安全。

5 栏杆设计的高度及造型应考虑车站公共区的整体视觉效果协调统一。

如果无障碍电梯有特殊观光要求，必须设置玻璃幕墙时，玻璃幕墙安装不宜采用爪接方式。

10.14 区间建筑

10.14.1 当遇车站端部道岔，疏散平台无法贯通时，可在疏散平台端部设楼梯连接桥面，方便乘客沿桥面步行至站台。

11 高架区间结构

11.1 一般规定

11.1.1 特大桥采用拉索体系的柔性结构时,需要进行车-桥耦合舒适度分析。本标准对于梁及墩的刚度要求,适用于150 m跨度以下的梁式桥。

11.1.3 梁、墩刚度要求与车辆形式和走行面的形式相关。

11.4 附属结构设计

11.4.4 桥梁结构应预留运行道的插筋,尤其是运行道伸缩缝处,以确保二者之间连接可靠,防止列车运行过程中出现运行道伸缩缝损坏的现象。

12 供 电

12.1 一般规定

12.1.1 本条指胶轮路轨采用集中供电方式下的设计范围。当采用分散供电时,不设主变电所。中压供电网络通常指由 35 kV 或 10 kV 电缆构成的环网供电网络。

12.2 变电所

12.2.5 采用直流牵引供电方式的胶轮路轨,其牵引回流也需要采用专用负极供电轨,在不同的运行方式下,负极供电轨对地电压是不同的(如上海浦江线的负极供电轨对地电压标称为－375 V,单极接地故障时供电轨对地电压相应变化)。因此,直流牵引供电系统应采用不接地系统,变电所直流牵引供电设备采用绝缘安装。

12.3 接触轨

12.3.4 接触轨作为重要的轨旁设备,必须符合限界要求,确保行车安全。

12.3.9 由于导向轨和供电装置采取高度集成的紧凑安装方式,可在供电轨部件和导向轨之间采取绝缘措施实现绝缘。

12.4 电线电缆

12.4.1 为防止电线电缆燃烧时产生的有害气体危及人身健康

及安全,地下线路电线电缆应采用无卤、低烟及阻燃材料。

12.4.3 消防设备配电线路采用耐火电缆明敷时,需采取防火保护措施。矿物绝缘类电缆能通过950 ℃/180 min燃烧试验、650 ℃/15 min喷淋试验及950 ℃/15 min机械撞击试验,重要消防设备的主干线和分支干线采用此类电缆,有利于保证火灾发生时消防设备供电可靠性。

消防用电设备的配电线路应采用耐火电线电缆,由变电所引至重要消防用电设备的电源主干线及分支干线,宜采用矿物绝缘类不燃性电缆。

12.5 动力与照明

12.5.4 车站公共区是人员密集的场所,由两段母排引来照明电源进行交叉供电,灯具进行均匀布置,既满足了一级负荷对照明的供电要求,同时又为运营管理单位提供了灵活的操作方式和节能手段。

12.6 电力监控

12.6.3 主站即控制中心电力调度端。主要功能为接收来自子站的实时数据,并按需向子站发送命令。子站即远动终端,如主变电所、牵引变电所和降压变电所等,主要功能是向控制中心调度中心发送实时数据,并接收来自调度端的命令并执行。

13 通 信

13.3 电话系统

13.3.1 根据胶轮路轨系统的运营模式,车站不参与行车调度,电话系统无须设置行车调度电话,电话系统宜采用公专合一的模式。

13.4 无线通信系统

13.4.1 本条对无线通信系统的基本功能和定位做了明确规定。当第三方建设的无线通信系统能够满足胶轮路轨系统对于无线通信的运营需求时,也可租用第三方无线通信系统。

13.5 广播系统

13.5.8 1 车站播音区划分宜包括下列内容:
    1) 上行站台公共区;
    2) 下行站台公共区;
    3) 站厅公共区;
    4) 设备管理区;
    5) 换乘通道区(通道换乘的车站);
    6) 每个播音区应设两路负载。
  2 车站扬声器网络设置应符合下列要求:
    1) 站厅区、站台区的扬声器应采用梳状连接方式;
    2) 车站公共区扬声器布置应采用小功率密布方式,平均每只扬声器的播音范围宜控制在 16 m²～20 m²；

　　3) 各播音区环境噪声在 60 dB 至 75 dB 范围内，其最远点的声压级应高于背景噪声 15 dB。

　3　各车站的站台层应设置噪声传感器，实现对站台层广播音量的自动控制。

13.5.11　广播系统的功放与负载之间通过切换控制装置连接，负载与功放不固定接续，根据实际工程情况，可按照每 N 台功放设置 1 台备用机（N 小于或等于 4）、自动切换方式设计。功放 N 备 1 是指在 1 台标准的 19 in 机架上，设置 N 台主用功放、1 台备用功放及自动检测切换装置。自动检测切换装置实时监测机架上功放设备的工作状态，发现故障自动倒换主、备功放。

13.6　乘客信息系统

13.6.8　车站乘客信息显示屏设置应符合如下要求：显示屏应支持移动电视、运营状态和服务信息等视频、图片、文本的显示，屏面支持多区域画面划分显示；显示屏宜为 16∶9 制式，尺寸不宜小于 42 in；显示屏伴音不应干扰正常的运营广播播出。

13.7　时钟系统

13.7.2　一级母钟应能接收全球卫星定位系统基准信号和同步系统提供的标准时间信号；一级母钟应能自动跟踪网络级标准时钟源，定时向二级母钟发送时间编码信号用以校准；二级母钟产生时间信号应提供给本站的子钟；子钟驱动器应具有计时功能，平时跟踪母钟工作，当不能跟踪时，应能独立工作。

13.10 通信电源和接地

13.10.4 系统应提供 220 V 交流不间断电源,其容量为各设备总额定容量的 120%,蓄电池应无腐蚀气体析出,适合放置在通信机房内。

14 信 号

14.1 一般规定

14.1.3 反向行车应具备与正向行车一致的 ATO 功能。系统应具有组织在整条线路和在试车线进行双向运行的功能。

14.1.5 凡涉及行车安全的子系统、设备及电路，均应经过安全认证，并符合"故障-安全"的原则。

14.1.6 主要行车设备包括 ATS 子系统、ATP 子系统、ATO 子系统、联锁子系统和 DCS 子系统。冗余设备的计算机系统切换不应影响系统的实时监控。各子系统应具有自检测、故障诊断定位和报警功能。

14.1.9 信号系统的室外、车载设备必须分别满足设备限界和车辆限界的要求。设置于站台区域的设备在满足运营要求的前提下宜与车站的装修布置相协调，设于高架线路或地面线路的信号设备应与城市景观相协调。

14.2 系统基本要求

14.2.2 系统控制与监督能力应与线路最大通过能力相适应；对车站、车辆基地等的监控范围应按线路和站场所确定的建设规模设计。系统监控和管理的列车数量应根据线路最大在线列车数量计算。

14.2.3 信号系统应根据全线最小行车间隔和旅行速度设计，并留有约 20% 的余量；端站的折返能力应按最大行车密度设计，并留有约 10% 的余量。

14.2.4 出入段/场单线正向出段/场能力不大于 120 s。如线路条件允许,反向能力宜按正向能力设计。

14.2.6 所有具备折返条件的正向交路,相应进路应能自动排列,能以无人驾驶方式运行。

14.5 子系统要求

14.5.2 ATP 子系统应满足下列规定:

 第 1 款 基本要求

  9) ATP 检查到联锁条件不符时,禁止进路开通。敌对进路必须相互检查,不得同时开通。

  15) 当按下站台列车紧急关闭按钮时,应切断相应方向一定范围内的全部速度命令。如有地面信号机,还应切断信号开放电路,以确保列车在一定范围内的紧急停车。

14.5.4 联锁子系统应满足下列规定:

 第 1 款 基本要求

  2) 敌对进路和侧冲进路应相互照查,不得同时开通。

  3) 每侧站台应至少设置 2 个紧急关闭按钮,控制中心应设置区段紧急关闭按钮。紧急关闭按钮电路应符合"故障-安全"原则。

14.5.6 维护管理子系统和培训子系统应满足下列规定:

 第 1 款 基本要求

  2) 维护管理子系统在任何情况下不得影响被监测设备的正常工作。

  4) 培训子系统对调度员的所有的操作及功能应用都应得到培训,控制、显示信息应与实际使用的系统一致。

14.6 信号设置及显示

14.6.1 信号设置及显示满足下列基本要求：

第1款 地面信号机的红灯信号为禁止信号。当移动授权越过信号机时，该信号机显示允许信号，否则显示禁止信号。

第2款 地面允许信号因故熄灭时（信号机 LED 显示面积不足 30%），不应影响列车的正常运行，列车的移动授权可越过该信号机；地面禁止信号因故熄灭时（信号机 LED 显示面积不足 30%），应视为禁止信号，列车的移动授权不应越过该信号机。

14.6.3 信号机和道岔方向表示器显示应满足下列要求：

一个红色灯光——不准列车越过该信号机；

一个绿色灯光——表示移动授权已越过该信号机，准许列车按规定速度越过该信号机；

一个左向黄色箭头——左向黄色箭头表示列车向左侧线路运行；

一个直向黄色箭头——直向黄色箭头表示列车向直向线路运行；

一个右向黄色箭头——右向黄色箭头表示列车向右侧线路运行。

15 综合监控

15.1 一般规定

15.1.3 胶轮路轨系统采用全自动无人驾驶技术,具有集成高效的特点,结合近期综合监控系统的技术发展,构建行车综合自动化系统能更好地满足调度指挥、应急指挥、乘客服务和维修支持等现代运营管理的需求。因此,综合监控系统宜集成信号 ATS 系统。

15.1.14 综合监控系统需集成信号 ATS,因此涉及运营安全部分的安全完整性等级应达到 SIL2。

15.1.15 胶轮路轨系统采用全自动无人驾驶技术,集成车载 CCTV、车载 PA、车载 PIS 及 IHP 等,满足控制中心调度员服务于乘客及紧急情况下事件处理的需要。

15.2 系统组成及硬件基本要求

15.2.6 胶轮路轨系统采用全自动无人驾驶技术,车站无列车控制需求,综合后备盘(IBP)具备事故疏散及火灾情况下紧急操作功能即可。

15.3 系统基本功能

15.3.12 综合监控系统的门禁系统功能应符合下列要求:
　　第4款 胶轮路轨系统门禁系统设置方案与常规轨道交通线路基本相同,因采用全自动无人驾驶技术,为实现自动化安全监控和管理,本款要求有人区与无人区分界处应设门禁系统,综合监控系统应实现门禁系统的相应功能。

15.3.15 本条规定的联动功能具体包含内容如下:

1 正常模式下联动功能包括:早间启运(宜人工控制)、晚间停运(宜人工控制)、节假日操作(宜人工控制)、车站节电操作(宜人工控制)联动等。

2 紧急模式下联动功能包括:车站拥堵控制(综合监控系统检测到进站乘客超过正常数量后可自动、人工确认启动此联动功能)、车站紧急疏散(宜人工控制)、车站运行暂停(宜人工控制)、车站运行重新开始(宜人工控制)联动等。

3 故障模式联动功能包括:一段牵引供电失电(在检测到直流牵引失电后,自动启动)、全线牵引供电失电(在检测到故障后自动启动)、停运(宜手动启动)、恢复运营(宜手动启动)等。

4 火灾模式下系统联动功能包括:着火列车停在区间(宜手动启动)、车站公共区域发生火灾、车站非公共区域发生火灾联动等。

5 维护模式联动功能包括:实现运营结束后,区间线路、接触轨等重要设备维护。

16 站台门

16.1 一般规定

16.1.1 关于站台门的类型,有的工程为配合通风空调系统的需要,将全高站台门顶箱上部的固定面板设置为可开闭式结构,这时也可称作封闭/非封闭转换式站台门。

16.1.5 传统站台门门体采用普通安全玻璃和钢材,门扇采用隐框结构,门框和玻璃之间采用密封胶粘接,并设置有橡胶和毛刷,因此不具备作为防火隔离设施的条件。

站台门系统中的绝缘地板、滑动门上的防夹胶条、站台门上下部的绝缘材料、门体上的密封胶条或密封胶、电缆及其他非金属材料应采用无卤(低卤)、低烟且不含放射性的阻燃材料,以避免在火灾情况下产生有害气体,对乘客造成更大的伤害。

16.2 主要技术指标

16.2.2 离开站台门门体 1 m,高度 1.5 m(低站台门在距离地面 0.5 m)处,高站台门门体顶箱/地站台门固定侧盒盖板面板关闭情况下,运行中测试的噪声目标值应≤70 dB(A)。

16.3 布置与结构

16.3.3 为保证地铁乘客候车及上下车的安全,全高站台门开门高度必须大于车辆门的高度,通常列车车门有效高度为 1 800 mm~1 900 mm,车内地板面比站台面高 30 mm~50 mm,考虑乘客上下车过程中不碰头,取全高站台门滑动门有效开门净高不应小于2 m,应急门和端门与之保持一致;半高站台门为下部支撑结构,其高度受限制,综合考虑乘客安全及身高情况,其高度不得低于1.2 m。

16.3.4 应急门宜设于站台边缘。当列车进站停车,但是列车控制系统故障无法将滑动门与站台门对准时,可为乘客离开提供应急通道。

16.4 运行与控制

16.4.4 站台门的重要状态及故障信息应通过站台门与综合监控(或环境与设备监控)系统和接口上传至车站值班室兼消防控制室,由本站上传至控制中心的功能则由综合监控(或环境与设备监控)系统实现。

16.5 供电与接地

16.5.1 站台门为到站列车提供乘客进出站台的通道,其电源应为一级负荷,以提高站台门系统运行的可靠性。站台门驱动电源为门控单元和门机供电,控制电源为PSC、IBP、接口继电器等供电,分开设置便于减少相互间的干扰和影响,比如驱动电源故障后,控制电源还可保证PSC等设备继续运行,进行系统监视、数据查询等。考虑到驱动电源故障后,站台门停止运行,此时控制电源的有与无,作用不大,因此也可以将驱动电源、控制电源合并设置。

16.5.2 为保证站台门的状态在失电情况下能够监控,保证控制系统后备电源的独立性,控制系统及驱动系统后备电源应分开设置。实际建设时结合工程和实际运营情况,也可考虑在确保后备电源容量足够且相互无干扰的情况下将控制系统及驱动系统后备电源合并设置。

17 车辆基地

17.1 一般规定

17.1.1 本条明确了"车辆基地"的统一名称,规定了车辆基地的设计范围。

车辆基地是保证胶轮路轨系统正常运营的后勤基地,设计范围包括车辆段(停车场)、综合维修中心、物资总库和培训中心以及必要的办公、生活设施等,是胶轮路轨系统正常运营所必需的设备和设施。上述各种设备、设施性质相近,有着较紧密的联系,工程设计中通常布置在一起,既节约工程投资又方便管理。

17.1.2 车辆基地属大型建设工程,投资大,且大都是地面工程,因此强调在总体规划的前提下可实行分期实施。一般站场股道、房屋建筑和机电设备等应按近期需要设计,用地范围应按远期规模确定。由于车辆基地近、远期工程联系密切,因此要求确定远期用地范围时应将其股道和主要房屋进行规划和布置,保证工程建设的可持续发展。

17.1.3 本条规定车辆基地选址的六项基本要求,主要是针对外部条件的要求提出的。对各项要求说明如下:

第1款 用地应与城市总体规划协调一致。

车辆基地用地符合城市总体规划是车辆基地选址的基本条件。车辆基地的选址应满足使用功能需求,并符合城市总体规划的要求,切实做好二者的协调。为保证地铁及胶轮路轨系统用地,规划部门在编制"城市轨道交通线网规划"时,应根据线网各条轨道交通线路及胶轮路轨系统运营的需要,对各线车辆基地的选址和用地做出初步安排,并纳入城市的总体规划。随着城市的发展，总体规划可能会有所变化或调整。胶轮路轨系统工程规划和建设应从前期的可行性研究阶段开始就对车辆基地的选址和用地进行选择和比较，取得规划部门的认可并对用地范围加以控制。

第2款 应有良好的接轨条件。

车辆基地的良好接轨条件是保证正常运营、降低工程投资和运用费用的关键。车辆基地通常在终点站、折返站或其他车站接轨，其接轨点和接轨方式的选择应保证列车进出正线安全、可靠、方便、迅速及运行经济。胶轮路轨系统线路和车站可能在地下，也可能在高架桥上，而车辆基地通常设于地面，选址应保证与接轨站之间有适当的距离，不应太远，也不应太近，在满足线路坡度、平面曲线半径和信号要求的前提下，尽量缩短段（场）出入线的长度，减少列车的空跑距离，既要保证正常运营作业的需要，又要尽量减少工程投资。同时还应注意选址的地形、地貌和周围环境，避免出入线因穿越建（构）筑物或跨越河流、水域而增加工程量。

第3款 用地条件应满足功能和布置的要求，并具有远期发展余地。

车辆基地的用地条件应根据功能和工艺要求以及总平面布置确定，而且对用地地块的长度和宽度以及地块的几何形状都有一定有要求。本款重点强调用地面积的有效性。

第4款 应具有良好的自然排水条件。

车辆基地占地面积大，排水种类较多，有地面排水，生产、生活废水和污水的收集和排放，还有纵横布置的管沟排水。由于大量股道的布置和分散的房屋建筑物，造成基地内的排水系统相当复杂。强调具有良好的自然排水条件，在场地高程的确定上应留有余地，为排水系统的设计和施工提供条件。在不能完全实现自然排水时，必须采取切实可行的机械排水措施。

第5款 应便于城市给排水及天然气管道的引入和城市道

路的连接。

给排水等市政管道引入,应考虑既有情况和其规划情况。

第6款 宜避开工程地质和水文地质不良的地段。

车辆基地是地铁工程的重要后勤基地。基地内通常设有数十条股道和总建筑面积达数万平方米的各类厂房等建筑物,还有各种大型设备和室内外构筑物,这些股道、房屋、大型设备和构筑物都必须有稳定的基础,以保证生产的安全和各项设备、设施功能的正常发挥。车辆基地的选址应尽量选用地形、地貌、地质构造、地层岩性等工程地质条件和地表/地下水位及水量、岩土含水性、地下水腐蚀性、岩土渗透性等水文地质条件较好的地段,尽量避开地质不良地段,其目的是为工程的施工和今后的运营创造有利条件,降低工程造价和运营维修成本。处于工程地质和水文地质不良地段的工程,必须采取适当的措施进行处理,保证工程安全。

以上6项要求是车辆基地选址的基本要求,其中最主要的是选址应与城市总体规划协调一致、有良好的接轨条件和用地面积应满足功能和布置的要求,并具有远期发展余地。6项基本要求构成有机的整体,但它们在实际工程中往往又是互相矛盾的,理想的选址几乎是不存在的。因此,在工程项目建设中对选址应综合各项条件进行认真的技术经济比较,做出较优的方案。建设中还有赖于城市规划部门和市政、电力、交通、环保、消防及水利、水文等有关部门和单位的支持与理解。

17.1.4 节约用地、节约能源和资源是我国经济建设的基本方针,土地是不可再生的资源,车辆基地一般都建在地面上,占地面积大,是地铁工程建设的用地大户。在当前提倡建造集约型社会,保证城市轨道交通建设可持续发展的形势下,地铁工程设计,特别是车辆基地的设计应认真贯彻"节约用地、少占农田"的方针,严格控制车辆基地占地面积。

17.1.5 车辆基地的消防设施是安全生产的重要保证,包括总平面布置、房屋设计和材料、设备的选用等应符合国家和地方现行有关防火规范的规定，并有完善的消防设施。

17.1.6 根据车辆基地功能和生产性质的特点，本条对所产生的废气、废液、废渣和噪声等环境保护设施设计做了原则性规定。

17.1.7 车辆基地设计中往往需对既有河道或水利设施、既有道路或规划道路，以及重要管线工程进行迁移或改建。为实现胶轮路轨系统功能和规模，确保工程建设进度，吸取多年来地铁建设的经验和教训，条文强调对上述市政设施的改移应取得水利、水务及市政相关部门的认可，并把相关工程设施及投资纳入设计，与本工程同时施工。

17.1.8 运输道路是工厂、企业总体设计的一部分，应满足生产和消防的要求。车辆基地应考虑外来材料、设备及新车入车辆段的运输条件。车辆基地内应有环形通道和必要的回车设施，保证运输畅通。

为满足消防的要求，车辆基地应有不少于 2 个与外界道路相连通的出口，以保证发生火灾时消防车能从不同方向进入现场。

17.1.9 需结合物业开发的车辆基地，其设计需要考虑下列因素：

1 首先对车辆基地需物业开发，应明确开发内容、性质和规模，避免其盲目性，造成废弃工程。

2 总平面布置应在保证车辆基地的规模和功能的基础上，对站场布置、房屋建筑、供电、通风与空调、给排水及消防和环境保护等设备、设施和物业开发的内容进行统一规划，避免相互干扰。

3 综合考虑车辆基地与物业开发之间内、外道路的合理衔接，并明确车辆基地和物业开发工程接口划分。

4 做好相关市政配套设施的规划。

5 按设计阶段做好投资估算、概算及资金来源和筹措，并进行技术经济比较和经济、社会效益分析。

17.2 车辆段与停车场的功能、规模及总平面布置

17.2.1 车辆的技术条件和参数是界定线路技术标准的基础,是确定胶轮路轨系统运营管理模式和维修方式的基本条件,也是胶轮路轨系统设备选型和确定设备规模的主要依据。车辆段与停车场的设计和主要设备的选型,都与车辆的技术条件和参数有关。在车辆选型未稳定,车辆主要技术条件和技术参数尚未落实之前匆忙开展设计(特别是施工图设计)和施工,必将造成工程设计大量返工,甚至造成浪费。因此,本条强调车辆段与停车场的设计应以车辆的技术条件和参数为依据。

17.2.2 根据我国地铁及胶轮路轨系统车辆检修的实际情况和管理水平,推荐采用日常维修和定期检修相结合的检修制度。

车辆日常维修和定期检修周期的确定,主要取决于车辆的结构性能和质量、运行线路的技术条件、车辆的使用环境条件、检修人员的技术素质和经验。根据国外胶轮路轨系统的运营经验,在调查并征求国内主要胶轮路轨系统运营单位意见的基础上,综合确定检修修程和检修周期,见条文表 7.2.2。

车辆检修周期的各项指标仅用于工程设计时作为确定车辆段规模的依据。随着科学技术的发展和管理水平的不断提高,检修制度还会逐步完善,参数可能会有变化,运营单位在接管之后还可根据运营的实际情况做适当的调查,不断完善。

17.2.6 本条对车辆段和停车场出入线设计的规定,是在总结我国地铁建设经验的基础上结合胶轮路轨系统综合形成的。车辆段和停车场出入线是确保列车进入正线正常运行的首要条件,它还担负着工程车辆夜间进出正线为沿线维修作业、运送机具材料和工作人员的任务。出入线的设计应保证安全、可靠、迅速,且运行合理、经济。对条文具体规定说明如下:

第1款 车辆段和停车场出入线宜在车站接轨,并宜选在线

路的终点站或折返站。车辆段、停车场出入线在车站接轨,不仅有利于正线列车的正常运行,确保行车安全,也有利于相关车站的管理和作业;接轨站选在线路的终点站或折返站,以方便运营,减少列车出入的空走时间,降低运营成本。但是,车辆段段址的选择受城市规划和工程地质等多种条件的限制,理想的接轨方案往往难以实现,在设计中应结合段址的选择、线路条件、车辆的技术条件和接轨站的条件进行经济技术比较,合理确定车辆段和停车场出入线接轨站和接轨方案。

是否采用八字形两站接轨,主要是根据运营需要,还应根据车辆基地的位置和接轨条件,通过技术、经济比较确定。

第2款 出入线应按双线、双向运行设计,应避免切割正线;规模小的停车场出入线可按单线设计。

由于车辆段、停车场列车出入频繁,为保证列车出入安全、可靠、迅速,车辆段出入线应按双线、双向运行设计,以确保在事故状态下,其中一条线路发生故障时,另一条线路仍可保证列车出入段作业。

当停车场规模不大时(不大于12列位),其作业量也不大,通常设一条出入线可满足运营需要。

第3款 出入线与正线间的接轨形式应满足正线设计运能要求是出入线设计的基本要求。出入线的设计将受段(场)址环境条件、线路条件和接轨站的功能要求及施工条件限制,接轨站往往又是折返站或是换乘站,配线较多,车站布置形式也不同,应以满足运能要求为前提,通过多方案进行经济技术比较,合理确定。

17.2.8 停车列检库及检修库是车辆基地主要生产房屋,对工艺流程影响大,因此规定车辆基地生产房屋布置应以运用及检修为核心。同时,要求各辅助生产房屋应根据生产性质按系统布置;与运用和检修作业关系密切的辅助生产房屋宜分别布置在相关车库的侧跨内或邻近地点;性质相同或相近的房屋宜合并设置,以方便作业、节约用地。对于全自动无人驾驶车辆基地,检修库和独立设置的周月检库属于有人区,停车列检库属于无人区。鉴于胶轮路轨系统列车长度短、道岔布置紧凑,条件许可时,检修库和独立设置的周月检库宜与停车列检库串联布置,实现列车在无人区与有人区之间便捷转线。

17.2.12 车辆基地的围蔽设施包括基地用地范围与外界的隔断和基地内重要设备、设施(如变电所、给水所、物资库等)的围蔽设施。本条主要强调设计中应因地制宜地选择围蔽的材料和结构形式。

17.2.14 第3款 上海浦江线车场选用的道岔导曲线半径为 22 m,本款参照浦江线工程,将车场线最小曲线半径定为 22 m。如选用其他道岔型号,车场线最小曲线半径应与对应选用的道岔的导曲线半径一致。

17.3 车辆运用整备设施

17.3.1 车辆运用整备设施包括停车/列检库(棚)和列车清洁洗刷设备及相应的线路,属运用车间管理。列车清洁洗刷设备主要指洗车机,不包括吹扫设备。

17.3.3 运用库各种库线(包括停车、列检和月检)的列位布置应根据车库形式确定。主要考虑尽端式车库的线路仅能一端出车,贯通式车库的线路可做到两端出车。

17.3.4 为保证作业人员的人身安全,本条规定应设置送电时的声响警示或色灯,红色为送电状态,绿色为断电状态。

17.3.5 受道岔结构形式的影响,停车列检库线线间距为 4.8 m。列检检查坑的设计说明如下:

第1款 考虑胶轮路轨系统检查的特殊性,设"泳池式"检查坑,列检检查坑的深度定为 1.5 m。检查坑的排水主要是空调冷凝水和地面清洁积水,应引出室外排入排水系统。

17.3.8 胶轮路轨系统列车编组长度短,宜采用"列车静止、设备移动"洗车工艺。

17.4 车辆检修设施

17.4.4 车辆基地的检修库和周月检库是车辆定期检修作业场所,人员较集中,车顶、车下都有作业。为保证检修人员的安全,规定检修库和周月检库不应设供电接触轨。

17.4.5 周月检库线和检修库线的线间距,参考地铁设计规范的规定,适当向上取整。

17.4.11 试车线为车辆定期检修和重大临修后的列车或新购列车验收时进行全面动态性能检测而设,试车线的长度主要与列车的性能,包括运行速度、制动性能和参数以及试车综合作业要求有关,各种参数应以车辆技术条件为依据。

17.4.12 调车机车平时用于车辆段内的调车作业,当列车在沿线发生故障时,可利用调车机车进行救援。故调车机车的牵引能力应满足牵引一列空车通过全线最大坡度地段的要求。

17.5 综合维修中心

17.5.1 综合维修中心是胶轮路轨系统的组成部分,是确保线路正常运营的重要设施。本条明确综合维修中心的功能和任务,包括全线土建工程设施维修保养和机电设备的维修和检修。

17.5.3 综合维修中心是车辆基地组成部分,综合维修中心设置应结合运营公司的组织架构及维修模式综合确定,其规模和工作范围分为维修中心、维修工区和维修组三个等级。车辆段或停车场都有综合维修单位,只是等级不同而已。

18 控制中心

18.1 一般规定

18.1.2 控制中心设置在车辆基地时,应考虑与车辆基地相关资源进行整合优化,如与车辆基地控制室、配套管理用房、弱电系统机房、维修工区与附属设备用房等合设,并考虑相关岗位人员的复合使用。

18.1.3 当控制中心与其他用途的建筑合建时,控制中心应设独立的进出口通道(包括电梯和消防安全通道等),调度大厅和各系统设备用房不宜与不明使用功能的建筑用房直接相邻,必须设置可靠的防火、防爆隔离设施。

18.1.4 第2款 在控制中心对正线运行列车集中监控,实现行车指挥自动化。在控制中心失效情况下,不采取车站降级运营控制模式,宜由多职能在线巡查队进行现场处置。

第7款 由多职能在线巡查队受控制中心直接调派为乘客提供相应的服务功能。

18.2 工艺设计

18.2.4 第4款 胶轮路轨系统控制中心调度席位应精简,席位设置宜按监控区域进行划分为正线、车辆基地以及车站调度,调度人员应具备行车和客运、电力、环控、安防、防灾应急、维修等综合调度处置能力;同时针对全自动无人驾驶模式,另设置面向乘客的乘客服务调度。

第 5 款 多职能在线巡查队主要负责覆盖车站及列车的现场级协调工作并解决问题,宜配置多功能无线手持终端,能实现与控制中心即时通信,受控制中心直接调派。

20 环境保护

20.1 一般规定

20.1.2 各类环境保护设计标准、法规、规范是根据我国现有环境状况、科技及经济发展的总体水平制定的。但我国幅员辽阔,各地自然环境差异较大,科技及经济发展也很不平衡,因此各地政府以现行国家标准、法规和规范为指导,分别制定或补充制定符合各地特点的相关标准、法规或规范。一般来说,地方标准在国家标准的基础上会有所发展和提高。因此,设计在执行国家有关标准、法规和规范的同时,同样必须严格执行地方政府制定的有关标准、法规和规范。

根据《建设项目环境保护管理条例》(中华人民共和国国务院令第253号、第682号)的规定,建设项目环境影响报告书由具有专项资质的评价单位针对建设项目在建设过程中以及建成投入使用后,对周围环境乃至区域总体环境有可能产生的影响,依据国家及地方政府现行的相关标准,进行全面的预测、评价,其评价意见和结论,污染防治的对策措施以及相关管理部门的审批意见,同样是设计依据和必须执行的内容。

20.1.4 由于上海的土地资源不富裕,轨道交通工程环保设施的建(构)筑物用地受到一定限止,布置一般比较紧凑,给日后的改扩建带来一定困难。同时这些建(构)筑物的改扩建工程量大、施工周期长,施工期将造成已建环保设施较长时间的停运,必将给环境带来不良影响。因此,环保设施的主体结构、不易改扩建的土建工程以及附设于轨道交通的主体设施上的预埋件必须按远期需要设置并与近期工程同步实施。

20.2 噪声污染防治

20.2.3 车站及设备噪声防治应符合下列要求：

第4款 地下车站、变电所和区间隧道的通风空调系统和局部通风空调系统所采用的设备如风机、冷却塔等，其运行噪声即噪声源强，直接影响周围环境噪声强度。对这些系统设备的选择强调采用低噪声、低能耗产品，是降低周围环境噪声最直接也是最有效的办法。一般意义上的低噪声设备，是指其噪声声级低于国家相关产品噪声标准，其辐射噪声不对周围环境造成污染，如缺乏相应产品的国家标准，则设备的噪声声级应低于原有同类产品的噪声2 dB(A)以上。

20.2.4 环境噪声防治应符合下列要求：

第1款 地面线和高架线路、地面和高架车站以及轨道交通车辆基地，噪声声级较高，对沿线及周围环境影响较大，选线或选址时应尽量绕避既有或规划的噪声敏感建筑集中区或重要敏感建筑。

第2款 现行国家标准《声环境功能区划分技术规范》GB/T 15190将铁路包括轨道交通用地范围外一定距离以内的区域划为4类标准适用区，距离的确定见表4。

表4 4a类声环境功能区距离确定

相邻区域类别	距离
1	50 m±5 m
2	35 m±5 m
3	20 m±5 m

该距离的确定主要为城市规划控制提供依据，以免规划新建的噪声敏感区域与铁路或城市轨道交通线距离太近，给列车运行噪声的防治带来困难。在上述距离以外的新建项目，仍应采取有

效的噪声防治措施,以保证列车运行噪声对新建项目的影响控制在现行国家标准《声环境质量标准》GB 3096 中相应区域噪声限值以内。

第 4 款 车辆基地一般占地面积较大,其设置位置应根据城市总体布局规划进行选定,同时考虑车辆进出及段场工艺需求,其选址应选择在非噪声敏感区域,同时边界噪声应符合现行国家标准《工业企业厂界环境噪声排放标准》GB 12348 中相应区域噪声限值的要求。

第 5 款 空压机房的隔声处理可采用隔声门窗,内壁的吸声处理可采用吸声材料,如网状吸声板、玻璃棉吸声毡、泡沫铝聚丙烯泡沫等。

20.3 大气污染防治

20.3.4 饮食业油烟排放标准,见表5。

表5 饮食业单位的油烟最高允许排放浓度和油烟净化设施最低去除效率

规模	小型	中型	大型
最高允许排放浓度(mg/m³)		2.0	
净化设施最低去除效率(%)	60	75	85

20.4 水污染防治

20.4.2 本条所指城市水源保护区域,其范围详见《上海市饮用水水源保护条例》第二章。

20.4.4 本条根据上海市标准《民用建筑生活污水处理工程设计规定》DBJ 08—71—98 第 3.1.1 条"生活排水定额与生活用水定额相同。并按最高日排水量计算 24 h 平均排水量作为小时设计水量"。

20.5 电磁辐射防治

20.5.1 轨道交通交流供电系统为工频 50 Hz,牵引采用直流供电,而现行国家标准《电磁环境控制限值》GB 8702 中防护限值适用频率范围为 100 kHz～300 GHz。但考虑到变电所或供电系统中开关动作时及车辆运行时接触网与车辆受电弓出现电弧,瞬时可能产生高频辐射,故要求其电磁辐射污染应符合《电磁环境控制限值》GB 8702 的防护限值。本条对应《电磁环境控制限值》GB 8702 中第 4.1 条。

20.6 其 他

20.6.2 高架线路和车站的设置应保证其两侧既有住宅建筑在冬至日满窗日照时间不少于 1 h。